www.tredition.de

Faszination Jakobsweg Camino Frances

Der Weg, der süchtig macht nach Mehr

www.tredition.de

Ich widme diesen „Bestseller" all jenen, die ihn gekauft haben und verspreche, dass ich unverblümt und ehrgeizig mit ihnen diesen Weg, meinen WEG literarisch laufen werde. Ich verspreche zusätzlich, dass all diejenigen, die sofort anfangen zu lesen, sich keine Sorgen machen müssen, dass dieser Weg, also unser WEG zu lang für sie sein könnte. Aber nur, wenn Sie sich ab und zu eine Auszeit gönnen, verspreche ich Ihnen dass Sie keine Blasen, Zerrungen oder Erschöpfungszustände bekommen werden. Auch der Familie meiner Frau und meiner eigenen Familie widme ich dieses Buch. Sie haben mich bei meinen Plänen mit guten und aufbauenden Worten unterstützt.

Der Weg ist das Ziel.

MEIN Weg ist das Ziel!

In diesem Sinne

Buen Camino

Ich weiß noch genau, wie alles begann. Meine Frau und ich waren wie jedes Jahr zu Weihnachten bei Ihren Eltern. Es muss 2008 gewesen sein, als ich mich nur kurz mal dem weihnachtlichen familiären Stress entziehen wollte. Ich setzte mich fern der Familie ins Wohnzimmer und griff nach einer Illustrierten. Genauer gesagt dem „Stern". Wie ein beim Arzt Wartender, durchblätterte ich jene Zeitschrift. Ich war mal für mich allein und konnte, als ich den Mittelteil erreichte, nicht mehr von den Fotos darin los kommen. Faszinierende Fotos von einer faszinierenden Landschaft. Erst etwas später gab ich mich dem Text zu den Fotos hin. Es waren Aufnahmen von Nordspanien. Ich vermutete, aufgenommen im Sommer. Wie heißt es so schön: Wer liest, ist voll im Vorteil. Das war ich dann auch, als ich die seitliche Randbemerkung las.

Es waren aufgenommene Fotos von Juni/Juli. Felder von Sonnenblumen, Mohnfelder und wunderschöne grüne Landschaften. Mir wurde richtig warm vom Anschauen. Ein Blick kurz aus dem Wohnzimmerfenster brachte mich erst einmal wieder in die weihnachtliche Realität zurück. Kurz darauf noch ein Ruf der Kinder, die auf das Christkind wartenden lösten mich erstmal vom Sommertraum ab. Es ist immer wieder schön an Weihnachten, aber auch die angeheiratete Familie bringt so viel Freude und Spaß, dass ich froh bin so viel Familie zu haben. Immer war was los und das nicht nur zu Weihnachten. Dank dem lieben Gott, dass er mir diese Frau (meine Frau) geschickt hat und das mit der ganzen Familie, aber die Illustrierte ließ mich nicht mehr los. Nachdem die Kinder von mir ließen (so als Onkel) musste ich mir nochmals die Fotos und dieses Mal auch den dazu gehörenden Text näher bringen. Es war etwas von und über Hape Kerkeling, der ein Buch veröffentlicht haben sollte. Ich bin ein Fan von ihm und war überrascht dass er sich, wie ich weiter gelesen habe, auf solch einen Weg, den Jakobsweg, den sogenannten „ Camino de Santiago", begeben haben sollte.

Ich las nicht alles, sondern blätterte gleich wieder zu diesen wundschönen Fotos der Landschaften.

Ich hatte bisher keine Ahnung vom Jakobsweg und überhaupt keine Vorstellung, wie dieser überhaupt verläuft. Ich kannte Santiago aus dem Schulunterricht, aber das war es auch schon.

Da meine angeheiratete Familie allesamt katholisch ist, wurde ich doch recht schnell beim weihnachtlichen Essen, eines Besseren belehrt.

Ja, so eine große Familie ersetzt tatsächlich Google.

Nach und noch während des Essens hatte man mir dann das Wesentliche gesagt. Also: Es ist ein Pilgerweg, den man, so staune, komplett zu Fuß gehen muss.

Na gut dachte ich. Ich gehe selbst gerne spazieren, wenn auch nicht lang. Wandern waren wir im Urlaub auch schon. Na ja so durch den Wald halt eben. Auch shoppen gehen, fiel mir ein. Wo ich denke, Männer, die dieses

Buch lesen, sollten wissen, von was ich hier schreibe. Auch mir taten oft schon die Füße weh, wenn ich mich überreden ließ, mit meiner Frau einen kleinen Einkaufsbummel zu machen. Es bleibt ja oft nicht nur beim Kleinen.

Ja, wie schon erwähnt, solch eine kleine Lehrstunde beim weihnachtlichen Essen, ließ mich so in der Runde von ca. 30 Personen fragen, wer wohl gerne mit mir diesen sogenannten Pilgerweg gehen wolle. Ich muss hier verständlicher Weise schreiben, dass meine Frau kein Einzelkind ist, sondern noch acht Geschwister hat. Diese Geschwister haben wiederum Partner und Kinder. Meine Schwägerinnen und Schwager schauten mich voller Entsetzen an. Ich dachte erst, dass der Rotkohl nicht schmeckt den ich gekocht hatte, zum Weihnachtsfest.

Es sagte aber auch keiner ein Wort. Nicht weil man mit vollem Mund nicht sprechen sollte, sondern sie dachten ernsthaft, ich mache einen Witz. Ich selbst bin Berliner, aber so ein Richtiger, Gebürtiger, im tiefsten Kreuzberg geborener und nicht nur zugereist wie viele hier in Berlin. Und die gebürtigen Berliner haben und machen eben vieles mit Witz und Humor. Leider verstehen den oft viele nicht.

Als ich vorsichtig nochmals nachfragte, schien man mir jetzt doch Gehör zu schenken.

Worte wie, „ach Du bist doch verrückt" oder „das ist doch nicht Dein Ernst" waren wohl, soweit ich mich erinnere, die meisten Antworten auf meine Frage. Ich ließ nicht locker und fragte weiter. „Wieso denn nicht, was ist denn schon dabei?" Wir hatten ja schon öfters zusammen Urlaub gemacht. Schottland, Frankreich, Tschechien, England usw.

Mir würde ja schon einer oder eine reichen, der oder die mitkommt", fügte ich noch hinzu.

Den Weg sollte man eigentlich ganz allein gehen. Aber ihn ganz allein zu gehen, kam mir anfangs nicht in den Sinn. Immerhin war ich noch nie allein in meinen Urlauben unterwegs gewesen. Immer hatte ich jemanden dabei.

Freund, Freundin, Partner. Ich überlegte kurz. Stimmt!

Ich war noch nie allein auf Reisen.

Interesse schien ich nun aber geweckt zu haben. Am noch nicht abgeräumten Essenstisch tauchte meine Schwägerin auf, mit einem Schulatlas ihrer Kinder. Und nun setzte auf einmal die volle Aufmerksamkeit ein.

Meine Frau hatte in der Zwischenzeit den ganzen Artikel in der Illustrierten gelesen und fragte interessiert: „Weißt Du eigentlich wo der Weg beginnt?" „Keine Ahnung", meinte ich sorglos. „Bei Saint-Jean-Pied-de-Port!"

Ich wusste nicht, wo das lag, und musste wieder einmal, wie schon öfters in meinem Leben, passen. Aber Familie ist eben Familie und so hatte sich meine Schwägerin schlau gemacht und im Wörterverzeichnis nach Saint Jean-Pied-de-Port gesucht und es gefunden. So schnell und geschickt wie sie mit dem Finger auf Saint-Jean-Pied-de-Port tippte, wusste man sofort, das kann nur eine Lehrerin so perfekt. Alle anderen sahen das auch so und starrten in den Schulatlas. Ich hörte, wie jemand sagte, das ist ja in Frankreich. Ein Gedanke schoss mir gleich in den Kopf.

Unsere Frankreich-Urlaube. Wieder ein Gedanke: So weit? Von Frankreich nach Spanien? Wieder ein Gedanke: Wie soll das denn gehen? Da fielen mir die Worte meines Sohnes ein, der sich natürlich auch an den tollen Ratschlägen bzw. Äußerungen beteiligt hatte, wie Sie sich erinnern: „Du bist doch verrückt!"

Sein Kommentar damals: „Mensch Vater, was meinst Du denn, warum der Mensch das Rad erfunden hat. Doch nicht, um bis ans Ende der Welt zu latschen." Und das von einem jungen, knackigen 25jährigen Berliner.

Als ich mir nun selbst einen Überblick im Schulatlas verschaffte, ließ mich doch glatt meine Reiselust im Stich. Vielleicht hatten mich ja nur die sommerlichen Fotos in der Winterzeit ins Reisefieber versetzt. Manch andere bekommen Schnupfen und Halsweh, wenn sie nur Winterbilder sehen, oder bei sich zuhause zu Weihnachten, aus dem Fenster schauen. Da war ich doch mit meinem Reisefieber viel besser dran.

Aber jetzt war Weihnachtszeit und so verbrachten wir nicht nur den Heiligen Abend, sondern auch die folgenden Weihnachtsfeiertage besinnlich in großer familiärer Runde. Die freien Tage vergingen wie im Flug. Silvester! Wieder ein Jahr vorüber wie so viele schon.

Jahreswechsel 2008 zu 2009

Viele nehmen sich besonders zum Jahreswechsel verrückte Sachen vor. Die sie aber
meist nicht realisieren oder durchhalten. Beispiele wie Abnehmen, mehr Sport, gesünder leben. Damit meine ich nicht nur das Rauchen aufzugeben. Ich selbst rauche leider immer noch.

Ich wünschte mir gesund zu bleiben, damit ich noch ganz viel und lange was von meiner lieben Familie haben kann. Ich wünschte mir, dass es uns weiterhin so gut geht, obwohl wir nicht in Saus und Braus leben. Als examinierter Altenpfleger schleust man sich wohl eher so recht und schlecht durchs Leben. Aber ich war ja zufrieden. Ich hatte meine Frau, mein Kind und wir alle waren Gott sei Dank gesund. Wir haben Familie, Freunde, Kollegen, Nachbarn. Was will man mehr.

Ach ja, Arbeit haben wir auch! GOTT sei Dank

Was viele oft nicht haben, hatten wir zu

Genüge. Die freien Tage bis zum Jahreswechsel waren jetzt noch oft von meinem verrückten Vorschlag geprägt. Eigentlich fragte die ganze Familie nochmals nach, ob ich es damit ernst gemeint hätte, auf eine Pilgerreise zu gehen.

Aber mir für das neue Jahr einen Pilgerurlaub zu wünschen, kam mir nicht in den Sinn.

Wie heißt es so schön, Pilgern heißt auch verzichten können. Pilgern heißt auch leiden usw. Das allerdings hatte ich erst später auf meinem WEG gehört.

Die Familie meiner Frau wohnt in Lotte/Büren nahe Osnabrück. Klein aber fein, würde der Berliner sagen. Wir fuhren mit dem Wagen zurück nach Berlin, vollgepackt mit Weihnachtsgeschenken.

Die Tage im neuen Jahr verliefen eigentlich wie immer. Arbeiten, arbeiten, arbeiten.

Natürlich schmiedete man auch schon wieder Pläne für Ostern. Es ist zu Weihnachten wie bei den Schokoladen-Herstellungsbetrieben. Kaum ist Weihnachten am Ausklingen werden in der Familie schon wieder Osterpläne geschmiedet. Was essen wir zu Ostern und gehen wir wieder Kegeln? Und wieder einmal freie Tage um die Familie zu besuchen.

Es ist nicht so schön, die Familie so weit weg zu haben. Aber unsere Jobs halten uns in Berlin fest.

Möchte an dieser Stelle aber sagen, dass wir auf keinen Fall Berlin missen möchten. Hier haben wir unsere Freunde und Bekannten und unsere geliebte Berliner Luft.

In den ersten Monaten, ich glaube es war Anfang März, sollte ich nichts Besseres zu tun haben, als mir im Outdoor-Shop einen Pilgerreiseführer zu holen. Zuhause angekommen, ließ ich den Reiseführer nicht mehr aus meinen Händen.

Ich las mich von Etappe zu Etappe. Lesen ist ja auch leichter als laufen. Oder anders ausgedrückt, nicht so beschwerlich.

Beim Lesen hatte ich immer die Fotos aus dem „Stern" vor Augen, die ich mir an Weihnachten angesehen hatte, von der wundervollen Landschaft Nord Spaniens.

Der „Navarrische Weg". Von Saint-Jean-Piedde-Port nach Santiago de Compostela. Der Weg ist das Ziel. Irgendwie viel versprechend, oder?

Mich schreckte nur die Kilometer-Angabe ab. Laut Pilgerreiseführer sind es 804 km.

Ich legte den Reiseführer erst einmal zur Seite und das war auch gut so.

Gedanken machen Frei!

Ich machte mir seit dem vergangenen Weihnachten weit mehr Gedanken, als ich mir eigentlich zugestand. Es spukte immer noch in meinem Kopf. Gleich die ersten Tage im neuen Jahr sollten mich wieder und immer wieder, an den besonderen Weg erinnern.

Ich weiß nicht, was mich mehr und mehr an diesem Weg faszinierte. Etwa Hape Kerkelings Buch welches ich nun doch las oder der Film von SAINT JACQUES: PILGERN AUF FRANZÖSISCH, der mich wesentlich mehr in den damaligen Traumweg versetzte. Der mir von Kollegen empfohlen wurde, denen ich natürlich auch von meinem Plan erzählt hatte.

Wie ich schon schrieb, die Berliner sind doch recht witzige Städter und so denke ich, dass mich der Film, der zwar in Frankreich gedreht wurde und über weite Strecken den Weg in Frankreich zeigte, mich eher ermutigte. ???????

Es ist ein Muss-Film für eventuelle Pilgerneulinge mit vielen, herrlichen Landschaftsszenen. Ich liebe Komödien! Das

Leben ist doch hart genug, wenn Sie verstehen. Also Fazit: Der Weg ist das Ziel. Und so kaufte ich mir doch schon Ende Januar einen 55 Liter-Leichtrucksack. Mit dem Verkäufer alberte ich noch "jaja leer sind sie ja alle „leicht" und dachte daran, dass ich ihn wochenlang und über viele, viele, sehr viele Kilometer schleppen müsste. Stolz wie Oskar kam ich mit diesem Superstück nach Hause. Meine Familie fragte mich natürlich gleich, was ich mit diesem Teil anfangen wollte. „Ich weiß auch nicht was mich überkam", ich antwortete entschuldigend. „Ich glaube ich möchte den Weg gehen." Jetzt war es raus. Irgendwelche Nachfragen meiner Familie blieben aus. Ich war überrascht, da meine Frau sonst Entscheidungen, die ich traf oder treffen wollte nicht kommentarlos schluckte. Das lag auch wohl daran, dass wir beide vom Sternzeichen Widder sind und doch ab und zu so richtig die Hörner, einsetzen, um unsere Gedanken oder Interessen durch zu setzen. Davon kann ich ein Lied singen, sag ich

Ihnen. Und das jetzt bald schon über dreißig Jahre lang. Aber wem sag ich das hier. Ich habe letztens irgendwo gelesen, in jeder guten Beziehung steckt auch eine starke Frau. Oder so ähnlich. Ich fragte mich natürlich gleich, wer sich so etwas ausdenkt. Ich selbst finde ja, dass wir Männer pflegeleicht sind. (Wenn wir schlafen). Sind wir nicht die, die die schwere Verantwortung im Leben übernehmen? Das fängt doch beim Shoppen schon an. Wir tragen doch später die schweren Einkaufstüten nach Hause. Scherzhaft fragte ich auch schon mal in der Großfamilie in Osnabrück nach, ob sich nicht meine Schwager und Freunde zu einer Männer-Emanzipationsgruppe zusammen finden möchten. Sie hätten mal die Gesichter der weiblichen Anwesenden sehen sollen!

Ich glaube ich möchte den Weg gehen. Was fiel mir da bloß ein? Wie konnte ich so etwas bloß aus mir heraus bringen. Gedankenlos wie manch andere Sachen, die ich schon in meinem

Leben heraus brachte, ohne an die Folgen zu denken. Ich hoffte, es würde von meiner Familie nicht so ernst genommen werden.

Familie muss zusammen halten, heißt es so schön. Aber gerade hier dachte ich, könnte man doch mal eine Ausnahme machen. Ich meine damit, dass meine Frau, es doch nicht gleich den anderen Familienmitgliedern erzählen musste. Ich verfluchte die Handy Epoche der SMS, der Emails und natürlich mich selbst. Wie konnte ich bloß so etwas sagen. Der Hohn war vorprogrammiert. Ich bin öfters sehr schnell mit dem Mund, zur Entschuldigung verweise ich dann oft darauf, dass ich eben Berliner bin. Eben ein waschechter. Aber das hilft nicht immer. So musste ich mich, als wir nun wieder einmal zu Ostern in familiärer Runde saßen, erklären. Ich verriet nicht, dass ich zwischenzeitlich ein Leichtzelt, Blasenpflaster, Taschenlampe usw. na eben was man für solch einen Weg eben braucht, gekauft habe. Ich dachte mir, ich könnte notfalls darauf verweisen, dass man diese Sachen eben flexibel einsetzen könnte. Beim Jahresurlaub zum Beispiel. Wie ich allerdings das mit dem Zelt erklären wollte, fiel mir noch nicht ein. Ich muss hier erwähnen, dass es sich bei dem Zelt um ein Ein-Personen-Leichtzelt handelt. Ja, Sie fragen sich bestimmt, woher ich diese super tollen Ideen und Infos habe. Ich sag nur, das Internet.

Nicht nur, dass ich auf eine besonders informative Internetseite (magic-camino.de) gestoßen bin. Nein, ich bin sogar mit Google Earth den kompletten Weg virtuell abgeflogen, statt abgelaufen. Es ging relativ schnell und leicht, sag ich Ihnen.

Wochen, Wochen würde ich unterwegs sein, wenn nicht länger, wenn ich laufen würde. Laufen, Laufen für mich immer noch ein schwerer Gedanke. Zumindest für diese weite Strecke. Von Saint-Jean-Pied-de-Port nach Santiago de Compostela. Es sind ja an die 804 Kilometer! Sogar einen Pilgerausweis hatte ich mir, natürlich online, schon bestellt, der mir in Kürze zugestellt wird. Ich glaube, ich möchte den Weg gehen. Den Jakobsweg, den besagten Camino de Santiago de Compostela den Camino Frances. Buen camino.

Buen camino, auch den Pilgergruß habe ich auswendig schon drauf. Obwohl ich ansonsten kein Wort Spanisch kann. Na das wird ja was geben, falls ich mein Vorhaben, den Weg zu gehen, durchführe.

Ja, schon wieder Ostern. Und ein paar Wochen drauf mein Geburtstag! Sechsundfünfzig Jahre werde ich dieses Jahr. Kaum zu glauben wie die Zeit vergeht.

Die Familie muss zusammen halten, sie kam natürlich auch zu Ostern zum Osteressen zusammen. Dieses Mal brauchte ich nicht in die familiäre Runde zu fragen, wer sich eventuell mit mir auf den Pilgerweg machen möchte. Fast zeitgleich wurde ich von allen beim Essen mit Fragen bombardiert. Zuerst ganz vorsichtig und mitleidig: „Willst Du denn jetzt den Weg gehen? Oder: „Hast Du schon andere gefragt die mit Dir laufen würden? Wollen?"

Hier beim Schreiben kann man schlecht diesen leisen, zynischen Unterton hervorheben, wie er sich deutlich in meinen Ohren manifestierte. Später wurden Sie etwas direkter und klarer.

„Das ist doch verrückt, was Du da vorhast. Das schaffst Du ja nie. Gerade Du. Was sagt denn Deine Familie zu dieser idiotischen Idee?"

Alle fanden meine Idee idiotisch und vor allen Dingen traute es mir nicht mal meine eigene Frau und Sohn zu, und ich muss mir eingestehen, ich mir selbst auch nicht.

Ich glaube ich möchte den Weg gehen. Das veranlasste mich, in Berlin, Weltstadt, Regierungssitz wieder angekommen, spontan, (wir wohnen in Charlottenburg), vom Schloss Charlottenburg zum Steglitzer Kreisel zu laufen. Ja, Sie lesen richtig! Vom Schloss Charlottenburg zum Kreisel zu Fuß.

Kaum ein Berliner würde auf die Idee kommen, diese Strecke zu laufen. Wir haben nämlich ein wundervolles Personen-

Beförderungs-Netz. Die BVG. Das, sei auch hier erwähnt, gegenüber anderen Städten, kostengünstig ist. Vielleicht ist das auch der Grund, dass nicht viele laufen. Ich ertappe mich dabei, die Rolltreppen sowie Behinderten-Aufzüge zu meiden und gehe lieber die Stufen zu Fuß. Frage mich, bin ich schon in der Vorbereitungsphase?

Weil keine Kilometer-Angabe bei meinem spontanen laufen angezeigt wurde, gebe ich diese Strecke bei Google Earth ein und lass mir die Strecke berechnen. Acht Komma eins Kilometer. „Wow", ganz schön wenig höre ich mich selbst sagen. Aber zum Glück fällt mir ein, dass es sich ja nur um eine Strecke handelt und nicht hin und zurück. Womit wir doch schon bei stolzen 16,2 km wären. Allerdings ohne Rucksack und ohne up and down. Als gebürtiger Berliner nahm ich mir vor, solche Etappen öfters zu machen. Aber es blieb nur bei dieser einen Tour.

Ich glaube, ich möchte den Weg gehen, rutscht immer näher. Wir haben jetzt Sommer und ich werde das Gefühl nicht los, dass jeder von Berlin bis Osnabrück mittlerweile weiß, dass ich im nächsten Jahr den Weg, meinen Weg, im Frühjahr gehen werde. Ich buchte einen Billigflieger (Air Berlin) für kommendes Frühjahr von Berlin TXT (Tegel). Auf den BER warten wir ja noch. Buchte meinen Flug für den 30.04. Abflug 10:55 Uhr nach Bilbao. Nordspanien. Ich entschied mich für diese Variante, da ich zugleich das weltberühmte Guggenheim Museum besichtigen wollte. Zeitgleich buchte ich ein Zimmer in einem Hotel direkt in der Altstadt von Bilbao für zwei Nächte. Bei meinen weiteren Recherchen, stieß mir doch immer wieder auf, dass ich kein Spanisch kann und mein Englisch ja auch nur aus meiner Schulzeit herrührt. Bisher brachte mich mein Englisch aus meinen Urlauben auch immer wieder zurück nach Berlin. Also sagte ich mir: Positiv denken. Wird schon schief gehen. Bewusst buchte ich keinen Rückflug. Meine Selbstzweifel überwogen. Von wo aus sollte ich denn zurückfliegen, wenn ich nicht wusste wie der Weg, wo der Weg, wohin mich mein Weg, führen würde. Ich wollte sicher gehen. Skepsis hin oder her. Vielleicht müsste ich ja frühzeitig abbrechen. Angeblich schaffen es ja nur 15% von denen, die sich auf den Weg machen. Warum sollte, der Weg, mein Weg leichter sein?

Ich musste an Hape Kerkeling's Buch denken. Er schien sich auch sichtlich keine Gedanken gemacht zu haben. Vielleicht hätte ich ja auch anders an die Sache rangehen sollen. Vielleicht hätte ich meiner Familie, Freunden, Bekannten, Kollegen usw. auch nur sagen sollen: „Ich bin dann mal weg!"

Nein, ich (als Berliner) musste natürlich vorher schon meine Gedanken in die Welt posaunen. Das habe ich nun davon. Irgendwie stellte sich ein wenig Leistungsdruck ein. Vielleicht deshalb die Selbstzweifel. Bloß ich habe nicht das Geld für etwaige Ausweichmöglichkeiten wie Herr Hape Kerkeling. Ich war auf die von ihm nicht gerade einladend geschilderten Herbergen angewiesen. Ich könnte nicht ständig auf Hotels ausweichen, wie er. Das Geld hatte ich gar nicht zur Verfügung. Wenn ich Gott auf diesen Weg treffen sollte, werde ich Ihn fragen warum alle Sozialberufe so schlecht bezahlt werden. Obwohl sie die wichtigsten in unserer Gesellschaft sind. Das fängt bei den Erzieherinnen an, Lehrern, Krankenschwestern und die Altenpfleger folgen gleich den schlecht bezahlten Jobs.

Aber mir geht es doch gut. Wozu dann solch einen Weg. Auch in Sachen Sprachschatz bewunderte ich Kerkeling. Er kann, glaube ich, fünf Fremdsprachen. Gut, da bin ich selbst schuld, damals zu faul in der Schule, später keine Zeit und Lust nachzuholen, was ich in jungen Jahren versäumt habe. Die Familie.

Mehr Ausreden fallen mir nicht ein. Es wäre schön, auch spanisch sprechen zu können. Buen Camino, sag ich da nur.

Ich weiß nicht, wie es Ihnen geht, aber bei mir vergeht die Zeit seitdem ich älter bin, immer schneller. Schon wieder Weihnachten und Abflug in gut vier Monaten.

Ich leite eine Senioreneinrichtung in Berlin Friedenau, wo sich selbstständige Senioren zu unseren angebotenen Kursen anmelden und Mitmachen. Kurse wie, Thai Chi, Q-Gong, Rückenschule, Gymnastik und vieles mehr. Unter anderem auch ein Senioren Chor, den sogenannte Friedenauer Chor der Freude. Sie sangen für mich ein Abschiedsständchen, dabei hatte ich wirklich mit den Tränen zu kämpfen.

Alle dachten an mich und meinen Weg. Ich hatte das Gefühl, sie verwechseln mich mit Columbus, der die Welt umsegelte. Sie taten so, als würde ich die Welt umwandern. Dabei ist der Weg doch nur 804 km lang. Ich war gerührt von so viel Anteilnahme. Und mir fehlten die Worte.

Mönche unter dem Einfluss des heiligen Benedikt „stabilatas" haben viel mehr das Schweigen als die wahre Pilgerschaft verstanden.

So fühlte ich mich in diesem Moment, als der Chor für mich ganz alleine sang.

„Peregrinatio est tacere" - das wahre Pilgern ist das Schweigen von Anselm Grün, ist eine kleine Pilgerbibel. Das tat ich dann auch. Gerührt und schweigend verließ ich die Einrichtung um meinen Weg, den Camino, den Jakobsweg, den Camino de Santiago zu gehen. Buen camino.

Meine Sachen, die ich für diesen Weg ausgewählt hatte, lagen schon wochenlang ausgebreitet auf dem Boden. Ich hatte Sorge, etwas zu vergessen. Eine Pilgerpackliste hatte ich mir aus dem Internet ausgedruckt und sorgfältig meine Sachen abgehakt. Ich weiß nicht wie oft ich jene Sachen immer und immer wieder im Rucksack Verstaute, um zu sehen ob auch alles Platz hat. Es dann zu wiegen, was ich in den nächsten Wochen mit mir herum tragen sollte. Meine neue Kamera, die ich mir natürlich auch gekauft hatte, dürfte auf keinen Fall fehlen. Ich wollte ja diese Fotos aus der Illustrierten mit meinen eigenen erweitern. Hoffentlich hatte ich genug Speicherkarten dabei. Stolz schritt ich mit meinem Rucksack auf dem Rücken durch die Wohnung. Dann wieder ohne und mit Rucksack auf die Waage. Er wollte nicht leichter werden als 13Kg. Er war laut allen Aussagen mit meiner Körpergröße von 178 cm und einem Gewicht von 67 kg zu schwer für mich. Zu schwer für solch einen zarten Mann. Aber auf was sollte ich denn verzichten? Pilgern heißt auch Leiden, fiel mir ein. Meine Frau verwies ich auf meine Untersuchungsergebnisse aus den Vorsorgeuntersuchungen. Alles OK. „Na dann leide ich eben ein wenig", dachte ich mir dabei, als ich den Rucksack nun wie beschrieben in die Ecke stellte und wartete, dass es endlich losgeht. Meine Skepsis vom Anfang war verflogen. Ich freute mich jetzt richtig auf mein Vorhaben. Ich hatte das Gefühl, ich machte etwas Besonderes, etwas neues, etwas wunderbares, dass ich später nicht bereuen würde. Einen Weg nur für mich. Einen Weg aus dem Vertrauten ins neue Unbekannte. Einen Weg, MEINEN Weg, der mich verändern sollte. Buen Camino.

Die Nacht ist nicht allein zum Schlafen da............ so dachte ich am Morgen des 30. April.

Ich hatte das Gefühl, ich wäre schon den ganzen Weg, gelaufen. Müde war ich, ich weiß nicht warum. Vielleicht lief ich ja wirklich im Schlaf schon den Weg. Wie gut, dass es Kaffee gibt. Nach Kaffee und Brötchen ging es mir schon wieder besser. Jetzt hätte ich schon wieder weiterlaufen können. Aber ich war ja noch gar nicht so weit gekommen. Meine Frau drängte darauf, dass ich zur Entlastung meiner leichten Knochen die Wanderstöcke mitnehmen sollte. Ich erklärte ihr, dass ich meine Hände frei haben müsste, zum Fotografieren und Rauchen. „Was soll ich denn mit diesen Dingern?", sagte ich noch zu ihr. Aber wie Widder nun mal sind. Sie lassen nicht ab von dem, was Sie sich in den Kopf gesetzt haben. Meistens jedenfalls. Ich hatte also zusätzliches Gewicht dazu bekommen, durch meine Frau. Viele Männer bekommen das nur durch das Kochen ihrer Frauen. Zehn Minuten später waren wir auf dem TXL, unserem Flughafen Berlin-Tegel. Welchen wir alle so lieben. Der Abschied von der Familie verlief ohne Zwischenfälle. Keine Tränen! Ich hatte den Eindruck, sie dachten, dass ich bald wieder da wäre, aufgeben würde. Aber eigentlich wollte ich es jetzt der ganzen Welt zeigen, dass es geht, zu gehen! Ich ließ mich erschöpft von der „gelaufenen Nacht" in meinem Sitz fallen. Es geht los, dachte ich. Buen Camino.

13 Uhr 30 erste Pause! Palma de Mallorca, habe schon ca. zweitausend Km hinter mir. Zwar nicht gelaufen, aber in nicht mehr als zweieinhalb Stunden geschafft. Dachte an meinen Sohn. Vielleicht sollte er Recht haben mit seiner Äußerung. Und schon ging es weiter. Nach knapp zwei Stunden Pause flog mich der Flieger in Richtung Bilbao. Dieses Mal saßen kaum Deutsche in der Maschine. Fast

nur Spanier. Keine Strandurlauber oder Ballermann-Touristen mehr. Ich hatte den Eindruck es sind viele spanische Arbeitspendler. Es kam mir sowieso spanisch vor, was ich hier mittendrin machte. In der Mallorca-Pause studierte ich, den von mir ausgedruckten Stadtplan nach meinem Hotel. Das Hotel war ja vorhanden, nur der Flughafen nicht. Sollte es etwa auch so ein BER sein wie in Berlin, der über Jahre nicht in Betrieb ist, dachte ich? Wie sich später herausfand, war der Flughafen etwas außerhalb von Bilbao. Somit stolzierte ich, nach der Landung, mit meinem Rucksack zur Touristen Information und fragte mit Händen und Füssen nach meinem Weg in die Stadt. Es sollte sich wieder einmal herausstellen, dass mein Schulenglisch für diese „schwierige Frage" ausreichte. Ich machte mich entschlossen und wanderlustig zum Bus auf, der mich bis in die Stadt Bilbao brachte. Dort angelangt schaute ich in meinen Stadtplan. Es regnete, keine Sonne wie in den besagten Reiseversprechen Spaniens. Von hier schien es nicht mehr weit zu meinem Hotel zu sein. Ich beschloss zu laufen, was ich, ja die nächsten Tage sowieso vorhatte. Also stapfte ich los. Regen bringt Segen redete ich mir ein. Die Straßen waren fast menschenleer. Von weitem konnte ich schon die Altstadt erkennen, wo sich auch mein online gebuchtes Hotel befand. Ich überquerte den Rio de Bilbao und kam so zu meiner ersten spanischen Kathedrale „Kathedrale des heiligen Apostels Jakobus".

Die romanische Stationskapelle für die Jakobspilger bestand schon lange vor der Gründung der Stadt Bilbao im Jahr 1300. Mehr ist nachzulesen bei Wikipedia online. Ich ließ mir einen Stempel für meinen Pilgerausweis geben. Voller Erstaunen las ich erst jetzt den Namen der Kathedrale. Catedral de Santiago". Ich dachte, Wow kaum da und schon am Ziel? Spaß beiseite, die km warteten noch auf mich. Ich ging weiter zu meinem Hotel. Ich fand, dass ich gut gebucht hatte. Zentral und sauber. Wer weiß was ich später alles so erleben sollte auf diesem Weg. Nach den gelesenen Büchern und Infos könnte es ja der letzte Luxus sein für die nächsten Tage und Wochen. Ich duschte erstmal nach den vielen Kilometern die ich zurückgelegt hatte und machte mich stadtfein. Ich verließ das Hotel zur Erkundung der Altstadt. Es regnete immer noch und das nicht wenig. Für meine Begriffe zu viel Segen!!! Ich hoffte auf ein Wunder, dass der Regen aufhören würde. Aber vergebens. Ich aß am Abend Tapas und trank Rotwein dazu, den man unter Pilgern „Pilgerblut" nennt. Ich dachte an meinen WEG und wer dort schon alles geblutet haben muss, wenn man die vielen Rotweinflaschen in den Bars und Restaurants stehen sieht. Einkaufsläden noch nicht mit einbezogen. Wahrscheinlich werden alle Pilger zum Aderlass gebeten. Spaß!

Nach den vielen Kilometern die ich in der vergangenen Nacht hinter mich gebracht hatte, ließ ich den Tag recht früh ausklingen und zog mich ins Hotel zurück, um den Schlaf nachzuholen, der mir letzte Nacht verwehrt worden war.

Ich meldete mich bei meiner Familie, schwärmte von der Stadt und von den Leuten, aber nicht vom Wetter.

Dann machte ich mir noch einen Plan für den morgigen Tag.

Buenas noches.

Der Tag sollte recht früh beginnen und ich wurde ohne Wecker klingeln schon gegen sechs Uhr wach. Es regnete in Strömen. Ich versuchte aufgrund des Wetters nochmals eine Runde zu schlafen. Vergebens. Schließlich stand ich kurz nach acht, nach dem Duschen, Zähne putzten und Frühstücken, schon vor meinem Hotel. Ich hatte mir vorgenommen, das Guggenheim - Museum zu besuchen. Das Guggenheim-Museum Bilbao ist ein Kunstmuseum für Moderne Kunst in Bilbao im spanischen Baskenland. Es hat eine Ausstellungsfläche von 11.000 m² und zeigt sowohl eine Dauerausstellung als auch externe Wanderausstellungen. Das Museum ist eines von sieben Guggenheim Museen der US-amerikanischen Stiftung Solomon R.

Guggenheim Foundation. Meinen Stadtplan in der einen Hand, in der anderen eine Zigarette unter einer Balustrade, studierte ich den Weg dorthin. Ich brauchte nur das Flussufer entlang laufen und würde direkt zum Museum kommen. Nachdem ich aufgeraucht hatte, lief ich los. Meine Brille verwandelte sich in eine Frontscheibe ohne Scheibenwischer. Immer wieder versuchte ich die Sicht herzustellen, indem ich mit einem Tempotaschentuch die Gläser trocknete. Ich traf kaum Menschen auf dem Weg zum Museum. Nur vereinzelte Hundebesitzer, die bei solch einem Wetter raus mussten ob sie wollten oder nicht. Die wiederum werden sich gefragt haben was der Verrückte bei diesem Wetter draußen macht. Die wussten ja nichts von meinem WEG. Es dauerte wirklich nicht allzu lange, da erreichte ich schon, von weitem zu erkennen, diese Maman, eine riesige Spinnenskulptur (Spider) unter der ich, weiter laufend, bald am Eingang des Museums ankam. Eine beeindruckende Architektur. Glas, Titan und Kalkstein geben dem Museum schon äußerlich eine besondere Aufmerksamkeit und Beachtung. Die Architektur des Museums zeichnet sich nicht nur durch organische, sondern auch durch geometrische Formen aus. Womit ich Wikipedia Recht geben muss.

Ein Muss, wenn man in Bilbao ist. Ich dachte an meine, hier im Regen aufgenommenen Bilder die nicht so in diese Welt passten, die ich zu Weihnachten beim Stöbern gesehen hatte. Ich dachte an die in der Sonne leuchtenden Sonnenblumenfelder und an die rot leuchtenden Mohnfelder. Auf meinen Bildern wirkte alles momentan feucht, nass, kalt. Zur Entschuldigung war ich in dieser Stadt zu einer anderen Jahreszeit. Was nicht ist, kann ja noch werden.

Bevor ich in das Museum ging, suchte ich eine kleine Bar in der Nähe auf, um einen weiteren Café con leche nach dem Frühstück zu trinken. Ich zog mein kleines Oktavheft hervor, das ich als Tagebuch mitgenommen hatte und schrieb die ersten Stunden in

Bilbao auf. Es sollte später das Nachschlagewerk für meinen, hoffentlich, "Bestseller" werden. An den ich damals allerdings überhaupt nicht dachte. Ich wollte eigentlich nur laufen und Fotos machen, schöne Fotos. Der Regen hörte und hörte nicht auf. Ich lief nachdem ich im Museum war zur Termini Busstation. Ich erkannte den Weg wieder, den ich gestern Mittag vom Busbahnhof zum Hotel gelaufen war. Ich hatte in der Bar umdisponiert und wollte statt von Saint-Jean-Pied-de-Port jetzt doch lieber von Pamplona starten. Nicht weil ich die km nicht laufen wollte, aber der Fernseher in der Bar zeigte Schnee in den Bergen an. Also auch in den Pyrenäen, die ich überqueren müsste. Der Entschluss fiel mir nicht leicht, aber leider kann man ja das Wetter noch nicht online mitbuchen für solch einen Weg. Ich glaube, alleine der Regen hätte auch gereicht um meine Entscheidung zu bestärken. Ich hoffte auf besseres Wetter morgen. Positiv denkend, kaufte ich Tickets für den Bus nach Pamplona am nächsten Morgen um 8:30 Uhr und bei etwas nachlassendem Regen lief ich weiter durch Bilbao.

Immer noch sind kaum Spanier zu sehen. Ein charmanter Park mit Ententeich und Brunnen sollte mein nächstes Ziel sein. Der Park liegt in der Nähe vom Art Museum. Wunderschön auch bei Nieselregen. Der Berliner würde Vogelpipi dazu sagen. Plötzlich sind doch Menschen unterwegs und das sogar bei diesem Wetter. Ich fand heraus, dass es sich um eine Demonstration handelte und mir fiel ein, dass wir ja heute den 1. Mai haben.

In Berlin ist in der Regel am 1. Mai die Hölle los. Viele Krawalle und viel Polizeipräsenz säumen Berlins Straßen an diesem Tag. Ich war an zuhause erinnert und rief an. Ich hatte ein bisschen Heimweh. Ich lief noch recht lange durch den Regen, aß zu Mittag und lief weiter bis ich mich wieder ins Hotel begab. Nach dem Abendbrot bestehend aus Tapas und „Pilgerblut", machte ich noch einen Spaziergang. Der Regen hatte aufgehört und die aufgelockerte Wolkendecke lockte die

Spanier aus Ihren Wohnungen. Familien mit Kindern säumten jetzt die kleinen, schmalen Gassen von Bilbao. Jetzt wurde Bilbao zu dem was ich vorab über Bilbao las. Freundliche herzlich lachende Spanier überall. Ich mischte mich unter die Leute. Obwohl ich kein Spanisch spreche, war es ein schönes Erlebnis. Ich beendete den schönen Abend recht früh. Ich wollte fit für den morgigen Tag sein.

Zweiter Mai 6:00 Uhr mein Handy klingelt. Nach gestrigem Packen bin ich soweit fast fertig. Nur noch Zähneputzen. Frühstücken wollte ich erst der Termini Busstation. Ich springe noch unter die Dusche und dann schnell zur Tram (Straßenbahn), die mich direkt zum Busbahnhof fährt. Es ist nicht nur dunkel, nein, es regnet auch wie verrückt.

Café con leche und zwei Croissants müssen reichen bis Pamplona. Ich habe genug zu schleppen. Jetzt geht es mir besser.

8:30 Uhr starte ich mit dem Bus nach Pamplona. 10:30 Ankunft in Pamplona. Wieder führt mich mein WEG direkt zur Touristen Information. Ich frage nach der Pilgerherberge. Eine nette Spanierin gibt mir einen Stadtplan von Pamplona und kreist die markanten Gebäude sowie die Herbergen ein. Es regnete nicht mehr und ich laufe zielstrebig der eingekreisten Herberge entgegen.

Ich bekam ein Bett in der Herberge ohne Probleme. Ich vergaß zu schreiben, dass ich in einem heiligen Jahr auf meinem WEG war. 2010 war das Heilige Compostelanische Jahr (span. Año Santo Compostelano oder Año Santo Jacobeo, als Kurzform oder Logo auch Xacobeo). Es wird begangen, wenn der Festtag des Hl. Jakobus (25. Juli) auf einen Sonntag fällt. Das Heilige Jahr ist identisch mit dem entsprechenden Kalenderjahr.

Die Heiligen Jahre werden auch Gnadenjahre genannt, da man sie nach christlichem Glauben zu einem Generalablass seiner Sünden nutzen kann. Am jeweiligen 31.12. des Vorjahres wird eine besondere Türe an der Ostseite in der

Kathedrale von Santiago de Compostela, die Heilige Pforte geöffnet.

Das nächste Heilige Jahr wird es erst wieder 2021 geben. Zum einen ist das besondere Datum und die zahlreichen Feste zu diesem Anlass ein einmaliges Erlebnis und dürfte unvergessen bleiben, wenn man als Pilger daran teilnehmen darf. Zum anderen dürfte aber der zum Teil massenhafte Touristensturm zu dieser Zeit die Einsamkeit auf den Pilgerwegen etwas eintrüben.

Man riet mir vor meinem Reiseantritt davon ab, den Camino Frances zu gehen. Weil angeblich in solch einem Jahr viele Pilger unterwegs sein sollen. Ich jedenfalls ließ nicht davon ab diesen Weg zu gehen weil mich andere Pilgerwege zur dieser Zeit noch nicht so reizten.

Ich dachte da nicht nur an die wunderschönen Landschaftsaufnahmen Nordspaniens. Der Pilgerweg fängt vor der eigenen Haustür an und endet in Nord Spanien in Santiago de Compostela. Ich hatte das Gefühl der Weg, mein WEG, ruft nach mir. Warum sonst sind mir die Bilder, aus dem Stern damals nicht mehr aus dem Kopf gegangen.

Ich lernte Tanja aus Berlin in der Herberge kennen. Die Berliner! Ich glaube sie sind überall zu finden. Liegt vielleicht daran, dass sie früher nie raus kamen. Sie war in Saint-Jean-Pied-de-Port gestartet. Und jetzt schon war sie völlig fertig. Mal sehen, wie es mir morgen Abend geht. Noch geht es mir super. Tolle Herberge. Städtische Herberge 112 Betten. Zum Glück nicht in einem Raum. Nette Spanier, hilfsbereite Spanier was will man mehr. Gracias = Danke. Kann ich da nur schreiben. Ich erkundete natürlich Pamplona. Rituale wie Essen, Trinken, Zähneputzen, Waschen lasse ich hier mal weg. Auch wenn Mann/Frau pilgern, heißt es noch lange nicht, wie ein verwilderter Vagabund die Strecke zu laufen.

Pamplona liegt in einer kleinen Hochebene auf 449 Höhenmetern am Fluss Arga. Die Umgebung der Stadt ist bergig, der höchste Berg der Umgebung ist der Peña Izaga mit 1.353 M. Es handelt sich hierbei um einen Pyrenäen Ausläufer. Das Stadtbild wird von einer großen und gut erhaltenen Zitadelle und einer großen Kathedrale geprägt. Zentrum ist die Plaza del Castillo mit ihrem Ausläufer zu den alten Burgos (Märkte) vor dem Rathaus an der Plaza Consistorialke.

Montag 3.Mai. Ich hatte eine Supernacht hinter mir. Ich schlief wie ein Stein. Gegen 7:00 Uhr wurde ich wach durch Geräusche der Anderen. Es war schon verrückt und aufregend im Halbdunkel seinen Rucksack wieder zu packen und nicht etwas, von dem wenigen, was man dabei hat, zu vergessen. Ich ging ein paar Schritte. Nur um die Ecke gegenüber der Kathedrale war die Bar, in der ich auch gestern schon schreibend und „Pilgerblut" trinkend war. Ich hatte Glück. Die Bar hatte schon geöffnet und mein Café con leche und zwei Croissants machten mich zum glücklichsten Pilger der Welt. Übrigens Welt! Gestern noch in der Herberge, hatte ich das Gefühl, die ganze Welt war zu Gast. Alle Sprachen unter einem Dach vereint und ohne Vorurteile gegeneinander. Wie eine kleine Arche Noah. Nur mit Menschen, Pilgern eben. Brasilianer, Amerikaner. Franzosen, Australier, Koreaner sogar Japaner. Wie friedvoll der Abend und die Nacht waren, das würde Politiker begeistern, Zu sehen, wie sich jeder Einzelne mit dem Anderen arrangierte.

Mein Outdoor Reiseführer „Der Weg ist das Ziel", sollte mich heute nach Puente la Reina führen. Ich trennte mich nur schwer von den ersten Eindrücken, die ich gestern erleben durfte.

Als ich mich nun aufraffte, übrigens mal ohne Regen, leuchtete mich eine Leuchtreklame einer Apotheke = farmacía an. Die Neonschrift eines installierten Thermometers leuchtet gerade mal 5 Grad Plus. Es war mir aber nicht kalt und regnen tat es auch nicht. Ich lief also pilgermäßig mit Rucksack und den von meiner Frau aufgeschwatzten Wanderstöcken weiter auf meinem Weg. Aber in welche Richtung?

Ich stand noch etwas verwirrt am Rathaus von Pamplona, als ich andere Pilger sah, die scheinbar den Weg kannten. Ich folgte ihnen. Erst jetzt sah ich die Symbole (Pilgermuschel/ gelbe Pfeile) die mich ab jetzt den richtigen Weg finden lassen sollten. Ich fand aus Pamplona heraus und wechselte den Asphalt gegen den Wanderweg. Hier zeigte sich, dass es die Tage zuvor doch recht gut geregnet haben muss, denn der Weg, ließ mich im wahrsten Sinne nicht mehr los. Meine Schuhsohlen verbündeten sich mit dem etwas rötlichen, feuchten, somit matschigen Boden. Ich wuchs über mich hinaus. Mein Weg machte mich größer. Der lehmig, schmierige Boden blieb unter meinen Wanderschuhen kleben und ließ mich wachsen. Ich erinnerte mich daran, wie ich gestern in der Herberge die vielen verdreckten Wanderschuhe sah von den Pilgern, die schon länger unterwegs waren.

Man erkannte mich als Neuling an meinen noch sauberen Schuhen. Naja, heute Abend werde ich zu den anderen gehören. Gegen dreizehn Uhr erreichte ich Uterga. Mir tun jetzt schon die Beine weh. Na mal abwarten. Café con leche kriegt das schon wieder hin. Die Pause tat mir und meinen Beinen gut. Ich hatte einen Abstecher über Eunate gemacht. Die Kirche von Eunate wurde in der zweiten Hälfte des 12. Jahrhunderts errichtet.

Ihr Bau fällt zeitlich mit einem Aufschwung des Jakobswegs zusammen. Ein Großteil der Hypothesen über den Ursprung der Kirche basiert auf dem Gedanken der Friedhofsfunktion für die auf dem Weg verstorbenen Pilger. Oh, mein Gott dachte ich, das fängt ja gut an. Aber so weit war ich nicht, oder noch nicht? Meinen Beinen ging es jedenfalls schon wieder besser. Die

Kirche hatte leider geschlossen. Aber ein Stempel für meinen Pilgerausweis konnte ich mir selbst geben. Stempel sowie Stempelkissen waren an einer dünnen Kette an der Kirchenmauer befestigt. Es ging weiter.

Ich bekam feuchte Füße. Nein, nicht weil ich an mir zweifelte. Es waren meine Wanderschuhe. Super eingelaufene, wenigsten 15 Jahre alte Wegbegleiter, die sich nun doch, aber ausgerechnet jetzt auflösen sollten. Ich konnte es nicht fassen. Meine Sohlen lösen sich vom Schuh. Ich komme bzw. gehe bis Obamos. 3,1 km vor Puente la Reina. Name und Entwicklung sind mit der von der navarresischen Königin Dona Mayor, Frau des Königs Sancho Mayor, oder ihrer Schwiegertochter gestifteten Brücke verbunden. Bei aller Unsicherheit bezüglich der Stifterin, fällt die Konstruktion der Brücke in die erste Hälfte des 11. Jahrhunderts. Weil Flussüberquerungen gefährlich, Umwege weit und Fährdienste teuer waren, konzentrierten sich daher die Pilgerströme schnell auf diese Brücke. In

Puente la Reina vereinigen sich der aragonische und der navarresische Zweig des Jakobsweges, der gemeinsame Weg überquert den Fluss Arga mit der gleichnamigen Brücke. Es folgten die Ansiedlung von Franken und die Gründung eines Marktfleckens. Die Entwicklung der Stadt ist Beispiel für die Infrastrukturprojekte dieser Zeit und am Jakobsweg in vergleichbarer Form häufig zu finden.

Ja, aber so weit war ich ja noch gar nicht. Ich war doch erst in Obanos. Obanos ist ein Ort am spanischen Jakobsweg, Camino Francés. Klein aber fein würde ich auch hier wieder sagen. Die Glocken des Kirchturms läuteten. Ich lerne in der Herberge, die ich aufsuchte, Petra aus München kennen. Sie war über Madrid nach Bilbao geflogen und jetzt, wie ich, hier in Obanos. Ihr Rucksack war auf dem Flug versehentlich in die falsche Maschine gepackt worden. Jetzt musste sie auf ihn warten. Ich brauche neue Wanderschuhe für den Weg. Buen Camino.

Dienstag 4. Mai

Es ist schon acht Uhr und es geht wieder los. Ich meine nicht nur mein Laufen sondern auch der Regen. Es ist schön dass die Bars auf dem Weg, so früh offen haben.

An Café con leche kann man sich doch schnell gewöhnen. Ich trinke meinen Kaffee zuhause immer schwarz. Treffe auf dem weiteren Weg, zwei junge Frauen aus Neuseeland mit einer Schubkarre. Eine sitzt darin mit den Rucksäcken und die andere schiebt. Ich frage scherzhaft nach, ob sie noch ein Plätzchen für mich und meinen Rucksack hätten. Beide Frauen waren wie der Berliner so sagt, „dufte druff". Ich hatte bei den beiden nicht das Gefühl das sie litten. Dachte an Pilgern heißt auch leiden, nein beide hatten Ihren Spaß und waren vergnügt. Ich ließ mich von Ihrer Lockerheit anstecken und beschloss, eine Pause zu machen. 10:00 Uhr erste Pause heute.

Lorca erreichte ich gegen 13:00 Uhr. Aufgrund der zahlreichen Barockbauten seiner Altstadt wurde Lorca 1964 zum kunsthistorischen Ensemble erklärt. Es trägt seitdem den Beinamen „Barockstadt". Die Stadt gefiel mir sehr. Ich übernachtete aber trotzdem in Estella. Auch wie bisher, in der Herberge. Estella war früher eine wichtige Stadt auf dem Pilgerweg, mein WEG nach Santiago. Voller Monumente im romanischen Stil wurde die Stadt von Pilgern Estella la Bella „Estella die Schöne" genannt.

Estella die Schöne, läutete die Glocken für mich als ich sie erreichte bzw. sie mich sah.

Mittwoch 5. Mai

Ich sitze jetzt hier in Los Arcos, das Bett in der Herberge ist gesichert. Frisch geduscht sitze ich in der Bar und trinke einen Café con leche. In Los Arcos ist die wichtigste Sehenswürdigkeit die Pfarrkirche

Santa María. Ausgangspunkt für die heutige Kirche war eine romanische Kirche aus dem 12. Jahrhundert, die im Lauf der Jahrhunderte gotische, Renaissance-, barocke und neoklassizistische Um- und Anbauten erfahren hat. Die Kirche ist einschiffig, seitlich, in die Zwischenräume der Strebebögen, wurden Kapellen eingebaut.

Ich schreibe wieder einmal in mein Tagebuch. Gestern Abend noch einen wundervollen Abend gehabt. Mit Günther aus Würzburg und zwei anderen aus Karlsruhe aßen wir zu Abend und tranken dabei Pilgerblut.

Günther erzählte beim Essen, das er seinen Weg abbrechen würde bzw. müsste. Obwohl er, wie viele andere auch — unter Pilgern tauscht man sich öfters so aus — zuvor extra für den Weg, trainiert hatte: mit Joggen und Stepper. Er hatte sich auch extra einen fast, man kann schon sagen, handgefertigten Rucksack besorgt. Hier muss ich erwähnen, dass Günther bestimmt 1,90m groß war, wenn nicht noch größer. Aber jetzt und hier am Tisch erzählte er von seinen Problemen, die er beim Laufen des Weges bekommen hatte. Nicht nur Blasen sondern auch seine Knie- und Rückenprobleme ließen ihn aufgeben. Schade, dachte ich und bekam selbst ein schlechtes Gewissen, da ich vorher nicht trainiert hatte. Ich lief, so kann man sagen, einfach drauf los. Ich hatte mir zwar in Berlin zuvor im Outdoor Shop Superwandersocken gekauft, die vielleicht doch bisher die Blasenbildung bei mir verhindert hatten. Damals dachte ich noch, ich hätte einen Firmenanteil der Marke Meindl erworben, bei dem Preis. Es waren die teuersten Socken meines Lebens.

Zuvor telefonierte ich, wie bisher an jedem Abend mit meiner Familie. Ich konnte Ihr dieses Mal wesentlich mehr erzählen als zuvor. Natürlich überwogen die Eindrücke der Landschaft, der Menschen des Weges, wieder mal in meinen Schilderungen. Ich erzählte auch von meinen neuen Wanderschuhen, die ich gekauft hatte. Gekauft für Einhundert und zehn Euro.

Ich freute mich wie ein Kind das Geschenke bekommt.

Mir war klar, dass es besser gewesen wäre, neue Schuhe schon vor Antritt meines WEGES zu besorgen und einzulaufen. Aber wer rechnet denn mit so etwas. Ich lief mit den neuen Schuhen an den Füssen bestimmt dreißig Minuten durch den Laden, bevor ich sie kaufte. Die Verkäuferin hatte Verständnis dafür. Einheimische Kunden müssen gedacht haben, ich wäre ein neuer Schuhverkäufer. Ich freute mich darauf den Weg ohne feuchte und matschige Füße fortsetzen zu können und war froh den Laden mit neuen Wanderschuhen zu verlassen. Es sollte sich auch zeigen, dass es wirklich allerhöchste Eisenbahn war. Denn ich glaube nicht, dass ich es mit den alten Schuhen geschafft hätte, an diesem Tag noch 23 km zu laufen und das bei wieder einsetzendem Regen und Wind. Der Weg war zu purem Schlammboden geworden. Unter meinen Sohlen setzten sich ungelogen ca. drei Zentimeter, oder mehr von dem Schlammboden fest. Ich wuchs wieder einmal über mich hinaus. Ich war auch froh auf meine Frau gehört zu haben, die mir die Wanderstöcke so aufdrängte. Man konnte sich mit ihnen gut vor dem Ausrutschen bewahren.

Die Übernachtung in der Herberge hatte 6,00 € mit Frühstück gekostet. Fast alle Pilger, die übernachteten, frühstückten an einem riesigen Tisch. Super. Ich konnte wie bislang super, super schlafen, die letzten zwei Nächte sogar oben im Stockbett. Unter den vielen, vielen Informationen die in den Herbergen ausliegen oder hängen erlese ich, dass es heute Abend eine Pilgermesse gibt, die um 20 Uhr beginnen soll. In der Santa Maria Kathedrale. Eine halbe Stunde zuvor besichtigte ich sie erst einmal. Beeindruckend diese damalige Handwerkskunst. Weniger beeindruckend, unter welchen Umständen dieser Prunk zu solch einem tollen Bauwerk entstand. Ich halte nicht viel von der Kirche, bin selbst aber noch Mitglied. Ein Widerspruch in sich, oder? Evangelisch und nicht katholisch gehe ich meinen Weg. Ich bin einer derjenigen, die der Kirche gleich zwei Mal Geld geben. Der Staat treibt für den Klerus die Kirchensteuer ein. Er finanziert zudem indirekt die üppigen Gehälter von Priestern und Bischöfen. Der Hassprediger Joachim Kardinal Meisner verdient so viel wie der Präsident des Bundesrechnungshofs. Gerecht?

In der Politik die Frage nach der Gerechtigkeit zu stellen, ist etwas blauäugig. Es ist doch so: Da gibt es Traditionen, Verträge, Ansprüche, Verbindlichkeiten – ein Mix verschiedener Elemente, historisch gewachsen. 1919 ist es übrigens einem Bündnis aus SPD, KPD und Deutscher Demokratischer Partei gelungen, die klare Trennung von Kirche und Staat in der Weimarer Verfassung zu verankern: Freie Kirche im freien Staat, jeder macht seinen Kram alleine. Dieses demokratische Postulat war nach der zweiten Reichstagswahl 1923 kein Thema mehr. Und danach nie wieder. So wurden alte Ansprüche weiter getragen, insbesondere die Staatsleistungen an die Kirche, die 1919 beendet werden sollten.

Auch heute zahlen 16 Bundesländer mit Ausnahme von Hamburg und Bremen aktuell 480 Millionen Euro pro Jahr. Aus diesem Topf werden die Bischöfe bezahlt und ein Gutteil der Priester. Diese Info aus dem „Neues Deutschland", eine sozialistische Tageszeitung. Ich jedenfalls brauchte eine Konfession um meinen Arbeitsplatz zu sichern. Konfession auch als Bezeichnung für eine christliche Richtung verwendet, die sich durch ein gemeinsames Bekenntnis von anderen christlichen Richtungen unterscheidet. Im weiteren Sinn gilt Konfession auch allgemein für christliche Richtungen und bezeichnet heute die unterschiedlichen christlichen Kirchen und Gruppierungen. Für mich verlor die Kirche an Vertrauen, als ich in einer damaligen, so genannten Projektarbeit mitarbeitete. Der Träger war das Diakonische Werk. Ich und vier weitere Kollegen bekamen diesen Job. Es handelte sich um eine Projektarbeit die zu nächst zeitlich auf ein Jahr begrenzt war und bei Erfolg weiter finanziert werden sollte. Wir Fünf bildeten das so genannte professionelle Team. Wir hatten Erfolg und sicherten uns somit die Finanzierung für das nächste Jahr. Kurz zu vor wurde aber eine Kollegin zur Seite genommen und ihr mitgeteilt, dass wenn sie weiter Beschäftigt werden wolle sie sich doch taufen lassen möge. Ansonsten könnten sie ihren Arbeitsvertrag nicht verlängern. Da wäre bei ihrer Einstellung ein Fehler unterlaufen, es wurde übersehen, dass sie keine Konfession hatte.

Seit diesem Tag hatte die Kirche in meinen Augen verloren. Trotz guter Arbeit, so schien mir hier die Scheinheiligkeit zu überwiegen. Kirche eben.

Zum Abschluss der Pilgermesse und zuvor ermutigenden Worten, bekam jeder Pilger einen Flyer in seiner Landessprache. Das Gebet der Pilger!

Gebet der Pilger

Oh Gott, der Du deinen Diener Abraham aus der Stadt Ur in Chaldäa errettet hast. Ihn beschützest auf all seinen Pilgerfahrten und der Du der Führer des hebräischen Volkes durch die Wüste warst:

Wir bitten Dich, dass Du uns, deine Diener, behütest, die um deines Namens willen nach Santiago de Compostela pilgern.

Sei für uns

Weggefährte auf der Pilgerfahrt,

Wegweiser an Kreuzwegen,

Kraftquelle bei Erschöpfung,

Schutz in der Gefahr,

Herberge auf dem Wege,

Schatten in der Hitze,

Licht in der Dunkelheit,

Trost in der Mutlosigkeit,

Und die Kraft für die Durchsetzung unserer Guten Vorsätze.

Damit wir, dank Deiner Hilfe, wohlbehalten das Ziel unseres Weges erreichen, und dass Wir, bereichert an Gnade und Tugend, unbeschadet nach Hause zurückkehren, voll ersprießlicher und immerwährender Freude! Für

Jesus Christus, unsern Herr. Amen

Heiliger Jakob, bitte für uns!

Mutter Maria, bitte für uns!

 Buen Camino

Kurz hinter Estella kam ich auch an den besagten Weinbrunnen. Dem Weinhersteller Irache war zum Erstaunen aller Pilger eine sehr gute Werbemasche eingefallen. Er installierte eine Art Brunnen an der Wand seines Herstellungsbetriebes aus dem aus einem Hahn Wein, „Pilgerblut", daneben fließt

aus einem weiteren Hahn Wasser. Witzig fand ich auch die Idee der Webcam. Ich hoffe nicht zur Kontrolle weinabnehmender Pilger. Es sollte ja eigentlich nur probiert werden. Aber es zeigte sich, dass sich nicht alle ans nur „probieren" hielten. Jedenfalls konnte man, wenn es einen dürstete, nicht nur mehr von dem Wein trinken sondern die Internetseite seiner Freunde oder Bekannten telefonisch mitteilen (www.irache.com). Die konnten wiederum auf die Webcam zugreifen und somit ihren Freunden oder Bekannten zuprosten.

Salud und Buen Camino!

Donnerstag 6.Mai

Der gestrige Abend in der Messe und Herberge war wieder wunderschön. Lucio aus Italien, Tina, wieder eine Berlinerin und ca. 13 weitere Pilger, saßen an einem riesigen Tisch beieinander. Lucio aus Italien, übrigens Koch von Beruf, wollte uns allen seine Spaghetti aufzwingen. Keiner konnte Ihm widerstehen, nicht mal ich, der sich kurz zuvor selbst Tortellini mit Thunfischsoße kochte. Einige Herbergen verfügen über eine Küche. Oft genutzt um sich Instant Kaffee oder Tee morgens zu kochen. Lucio und ich hingegen nutzten diese auch zum richtigen Kochen. Die Küche roch noch nach meinem Knoblauch. Seine Spaghetti waren für alle ein Erlebnis. Seiner italienischen Art und dem dazugehörigen Ausdruck in seinem Gesicht konnte keiner, aber wirklich auch keiner widerstehen. Der dazu gereichte Wein verlieh dem Abend der internationalen Runde den italienischen Flair, den man sonst nur in Italien erlebt. Alle beisammen sitzenden Nationalitäten hatten viel Freude und Spaß an dem Abend. Als der Internationale Tisch sich so langsam auflöste um zu Bett zu gehen, folgte ich den anderen. Im Bett schaute ich mir nochmal meine, wie schon die Tage zuvor, aufgenommenen Bilder an, die ich auf meinem WEG, gemacht hatte. Es waren schon sehr viele und ich ließ mir den Weg nochmals Revue passieren. Ich fand, dass meine Fotos die ich machte sehr gut geworden waren. Dennoch war es kein Vergleich, an der einen oder anderen Stelle live gewesen zu sein. Täglich schwärmte ich meiner Frau am Telefon vor, wie schön und wunderbar doch alles hier ist. Ich wünschte, sie wäre dabei, um diese schönen und wunderbaren Erlebnisse mit mir zu teilen. Ich schwebte auf Wolke 7 wenn ich mit ihr sprach. Sie selbst kam kaum dazu, etwas zu sagen. Ich schlief wieder einmal sehr schnell ein. Es war die schlimmste Nacht, seitdem ich unterwegs war. Schnarcher en maß, in einem 16-Bettenzimmer. Aber nicht nur das, kein Fenster oder Tür war offen gelassen worden. Zu Hause schlafen wir immer mit offenen Fenster, ob Sommer ob Winter. Ich frage mich immer, wer ohne Luft so schlafen kann.

Es ist jetzt 7:30 Uhr und ich schreibe diese Zeilen in meinem Tagebuch bei einem, wie sollte es anders sein, Café con leche. Es regnet wieder und ich merke und spüre meine Beine. Sonst ist aber alles OK. Buen Camino

Um 10:30 Uhr mache ich meine erste Pause, bzw. die zweite. Der Weg zieht sich ziemlich hin. Er kommt mir heute sehr lang und länger vor. Und wieder läutete „Er" meine Pause ein. Unglaublich. Bislang war es so. Das Läuten der Glocken spielten meine Pausen oder Aufenthalte ein. Dort wo ich pausierte, läuteten vorher die Glocken. Das gleiche passierte an den Orten wo ich stoppte und mir für die Nacht eine Herberge suchte. Auf meinem weiteren Weg regnete es wieder. Der Himmel war mit dunklen Wolken vollkommen bedeckt. Für einen kurzen Moment, wie ein Loch in dieser dunklen Wolkendecke, schien die Sonne dort hindurch. Sie bündelte sich wie zu einem Strahl, der in der Ferne eine Kathedrale oder Kirche anstrahlt. Ich wollte es nicht glauben und fassen konnte ich es erst recht nicht. Ich konnte erkennen, dass

mein WEG nach rechts verlief und nicht zu der für einen kurzen Moment angestrahlten Kirche. Ich ärgerte mich noch darüber, dass ich dieses Phänomen nicht bildlich festhalten konnte. Mein WEG führte mich weiter auf nassen, matschigen Boden. Erst jetzt, nach einigen Kilometern, stellte sich heraus, dass sich der Weg doch zu diesem Naturschauspiel verlagern sollte. Der Weg machte eine Linkskurve zu einem, sich später heraus stellte, netten kleinen Dorf namens Sansol. Der Ort wurde 1176 gegründet, als König Sancho der Weise den Platz zur Besiedlung frei gab.

Es kam mir so vor als wenn „Er" mir meinen WEG zeigen wollte. Und das immer noch bei Regen. Nachdem nun endlich das von mir erwartete Läuten der Glocken erklang, setzte ich mich erstmal in die Bar. Café con leche sollte hier auf dem Weg wohl mein Getränk werden. Meine Pausen nutzte ich aber nicht nur um Kaffee zu trinken, sondern ich versuchte auch den Kontakt zu den, doch meist älteren, hier in Nordspanien Verbliebenen herzustellen. Dieses konnte man sehr gut in den Bars. Sei es morgens zum Frühstück oder auch später. In Sansol zum Beispiel versuchte ich das Kartenspielen von mehreren, älteren Männern zu begreifen. Aber allein die Karten selbst ließen mich schnell davon absehen. Die Männer waren sehr an meinem WEG interessiert.

Ich erkannte das daran, weil sie oft nach meiner Herkunft fragten. Oder bei meinem Aufbruch und Verabschiedung = Adios, fingerzeigend und dabei Santiago, Santiago riefen. Zuvor in einer Bar saßen viele, wieder ältere Männer Zigarren rauchend und hatten ein, wie mir schien, Schnapsglas vor sich stehen. Ich ging zu ihrem Tisch und versuchte zu erfahren, welches Getränk sie gerade verbündete. Später stellte sich heraus, dass es sich um einen Patschalad handelte, den ich verblüffender Weise von den Herren spendiert bekam, nebst Zigarre. Ich freute mich über deren Gastfreundlichkeit und prostete ihnen zu. Ich brach dann bald wieder auf und machte mich auf den Weg.

Während meiner Pause sah ich mehrere Pilger weiter laufen. Es war sowieso bei vielen eher ein Rennen statt Laufen. Sie hatten, wie mir schien, keine Zeit für Pausen oder um Sehenswürdigkeiten zu erkunden. Sie liefen ohne jemals zurück zu blicken, geschweige denn nach links oder rechts. Es hätte ja sein können, dass sie dort was erblickten, was sie von ihrem Rennen abhalten würde. Ich wurde auch das Gefühl nicht los, dass es diejenigen waren, die mich bei der Ankunft in den Herbergen gleich mit den Worten: „Wie viele km bist du heute gelaufen?" überfielen. Als wenn das so wichtig war. Ich ließ diese Personen leider oft gleich links liegen. Ich war nicht so und ich wollte auch nicht so werden wie ein „Running Gag" in Nordspanien. Ich wollte meinen WEG gehen und genießen. Ich fragte mich dann aber doch: Bin ich zu langsam? Ich selbst hatte gleich eine Entschuldigung für mich. Ich blieb ja auch oft stehen um diese wundervolle Landschaft mit meiner Kamera einzufangen. Wie dem auch sei, erreichte ich gegen 16:00 Uhr erst oder doch schon Viana. Viana ist eine Stadt am Jakobsweg in der Autonomen Gemeinschaft Navarra[2] Sie wurde 1219 gegründet, erhielt 1630 Stadtrecht und führt den historischen Titel Muy Noble y Leal Ciudad de Viana Cabeza del Principado de Navarra („Sehr edle und getreue Stadt Viana, Hauptstadt des (Kron)Fürstentums[3] Navarra"). Stadtpatronin ist die heilige Maria Magdalena. Noch kurz vor Viana auf dem modrigen Matschweg hing ein Flyer einer privaten Zimmervermietung am Baum. Der liebe Gott meinte es gut mit mir. Ein super Zimmer, mit eigener Terrasse für sage und schreibe 12,00 €. Das hatte ich mir verdient dachte ich. Bei dem aufgeweichten Weg war ich heute nur auf 19 km, aber gefühlte 60 weiter gekommen. Modrig, matschiger Weg mit Passagen von 10 % Gefälle, aber wunderschön. Viele liefen auf der Hauptstraße entlang. Viana ist klein und übersichtlich. Ich bin geduscht, rasiert und meine modrige Hose, bis zu den Knien, ist auch schon gewaschen. Sie wird wohl nicht bei dem Wetter so schnell trocknen dachte ich mir noch, als ich mich stadtfein machte und auf Stadttour begab.

Buen Camino

Freitag 7. Mai

Heute Morgen bin ich gegen 8:00 Uhr aufgebrochen. Meine neuen Wanderschuhe bereiten mir Ärger. Der rechte Knöchel schmerzt ungemein. Kurz vor Logrono, Logroño ist die Hauptstadt der Provinz und der Autonomen Gemeinschaft La Rioja in Spanien, fiel mir ein, dass ich ja meine neuen leichten Sportschuhe tragen könnte, denn es war trocken und es schien sogar die Sonne. Beim Schuhwechsel traf ich ein Pärchen wieder, welches ich schon öfter auf den Weg gesehen hatte. Mittlerweile ist es so, dass man sich zu mindestens vom Sehen her schon kennt. Man überholt jemanden, oder wird überholt. Bis auf die Raser, die sieht man in der Regel nicht wieder. Ich wollte schon bewusst meinen WEG alleine gehen. Oft ließ ich mich auch überholen, da ich keine Lust hatte mich mit jedem auf dem Weg auszutauschen. Die Chemie sollte schon stimmen, bevor ich mich auf jemand fremden einlasse. Bei dem jungen Paar stimmte sie jedenfalls, obwohl sie vom Alter her, meine Kinder hätten sein können. Kylie und Toby aus Großbritannien. Er hatte seine Sticks (Wanderstöcke) bei ihrer letzten Pause vergessen und lief den Weg zurück, um sie zu holen. Seine Freundin wartete bei Maria, der schon sehr bekannten, ehrenamtlichen Stempelfrau vor Logrono. Bisher war ich heute nur zehn Kilometer gelaufen. Aus meiner Sicht, hätte man den Pilgerweg gut und gerne um Logrono führen können. Ein so genannter Umgehungspilgerweg. Mir gefiel das sich lange hinziehen durch die Stadt nicht. Es gab für mich auch keinen Anlass zu stoppen. Laut und hektisch wirke die Stadt auf mich. Eigentlich hätte ich als Berliner damit doch keine Probleme haben dürfen, denn ich komme ja selbst aus solch einer. Mir jedenfalls reichte es und ich lief so schnell ich konnte, wie die Raser, meinen WEG durch die Stadt. Gut, dass ich zuvor mit Kylie bei Maria eine Pause machte. Als es noch trocken war. Jetzt nach Logrono fing der Regen wieder an. Es begann wieder eine traumhafte Tour und ich dachte an zuhause. Ela, meine Frau hätte, mein WEG bestimmt auch gefallen. Mir fällt aber in unserem Freundes-Familien-Bekanntenkreis keine weitere Frau ein, die sich auf solch abenteuerliche Touren einlassen würde. Deshalb liebe ich sie auch sehr. Ja, für Ela wäre es was. Bei meiner nächsten Pause holte mich das Pärchen wieder ein. Toby war den Weg umsonst zurückgelaufen. Seine Sticks waren nicht mehr da. Seine Freundin hatte starke Schmerzen am Schienbein.

16.30 Uhr in Navarrete angekommen und schon habe ich mein Bett Nr.31 in der Herberge für fünf Euro gesichert. Durch meinen Schuhwechsel hatte ich den Rest des Weges keine Schmerzen mehr. Dem lieben Gott sei Dank. So kam ich heute immerhin auf 23 km. Ich war zufrieden mit mir. Nicht nur wegen den geschafften Kilometern, vielmehr ging es mir wirklich gut, sehr gut. Mir gefiel der Weg. Bisher sah ich viele auf dem Weg, die sich quälten. Ich glaube denen nutzte auch nicht, dass sie Kreuze aus Geäst am Zaun kurz hinter Logrona hinterließen. Den ca. 5 km langen Zaun, direkt an der Autobahn zierten hunderte von Kreuzen. Auch ich ließ ein Kreuz am Zaun zurück. Ich schwärmte abends wieder am Telefon von der tollen Landschaft und den tollen Menschen.

Samstag 8. Mai

Ich war gestern Abend noch in einem schönen Restaurant essen. Ich bekam einen Platz zusammen am Tisch mit einem Spanier aus Madrid. Er konnte weder englisch noch deutsch. Ich versuchte mit meinem Pilger-Sprachführer eine Unterhaltung mit ihm. Ich musste selbst über mich lachen. Dennoch hatten wir beide sehr viel Spaß. Mit Händen und Füssen erfuhr ich, wie schon geschrieben, dass er Spanier ist, Fußballfan, aus Madrid kommt und als Koch arbeitet. Dies wiederum kam mir sehr zu gute. Er konnte mir das tolle Essen empfehlen, was wir dann beide gleich bestellten. Dazu Pilgerblut aus der Region Rioja. Es war ein sehr netter Abend.

Um 21.45 Uhr war ich wieder in der Herberge. Knapp, dachte ich noch, da die Herbergen meist um 22.00 Uhr schließen. Ich ging noch in die Küche und überraschender Weise war die Küche noch voll mit anderen Pilgern die sich zusammen gefunden hatten um zu essen oder auch nur ein Glas Rotwein zu trinken. Toby und Kylie erkannten mich sofort und winkten mir zu, zu ihnen zu kommen. Sie wollten mit mir noch ein Glas Wein trinken. Auch die anderen nahmen mich jetzt wahr und winkten freundlich herüber. Etwas später schmiss uns der Herbergsvater aus der Küche. 22.00 Uhr ist in der Regel Licht aus angesagt. Kylie überredete mich noch auf eine Zigarette. Beide fand ich sehr nett. Buenas noches.

Sonntag 9. Mai

Um 6.25 Uhr bin ich nicht nur wach, sondern auch schon fertig für meinen Weg. Ich traf Kylie und Toby noch in der Küche, dann ging ich los. Jetzt um 9.00 Uhr bin ich schon in

Ventosa. Ventosa ist ein Ort in der Provinz A Coruña der Autonomen Gemeinschaft Galicien.

Bin schon 7,4 km gelaufen und das bei Nebel und Nieselregen. Die Berliner sagen Vogelpipi dazu. Ich dachte an den schönen Abend gestern und an das Einläuten der Glocken vom Kirchturm, denen ich den Stopp verdankte. Es war schon verrückt. Ich erzählte das natürlich auch zuhause, als ich anrief. Ich glaube, das Gesicht meiner Frau gesehen zu haben, welches sich wahrscheinlich in ein so? AHA! Gesicht verwandelt hatte. Wahrscheinlich nahm sie an, dass ich in Spanien auf meinem Weg zu viel Sonne abbekommen habe. Wer würde das denn auch so sehen oder glauben, wenn ich es doch nur so erlebt und erfahren habe. Jetzt hier bei Nebel und Vogelpipi meinen ersten Café con leche heute.

Gegen 13.00 Uhr in Najera,

Nájera ['naxeɾa] ist eine Kleinstadt am Jakobsweg Camino Francés in der autonomen Region La Rioja. Der Name kommt aus dem

Arabischen und bedeutet Ort zwischen den Felsen. Dieses Mal achtete ich bewußt auf das Läuten der Glocken und richtig wieder einmal, läuteten sie mir meinen Stopp hier. Die städtische Herberge öffnete erst um 15.00 Uhr und so dachte ich mir, ich spreche mal einen Einheimischen an, der mir den Weg zur kleineren Acht-Betten-Herberge zeigen könnte. Er und sein Freund, beide schon etwas älter, liefen zusammen mit mir zu einer Bar namens "La Juderia", wo ich erfuhr, dass man hier den Schlüssel für die unweit entfernte Herberge bekam. In der Bar wollte ich den Herren für Ihre Dankbarkeit und ihre Mühe einen Wein spendieren. Aber sie kamen mir zuvor. Ich fand es wahnsinnig nett von ihnen. Hier nochmals Danke an dieser Stelle!!! Gracias. Ich hatte dort auch Karin aus Magdeburg getroffen. Wir zwei bekamen die letzten zwei Betten von acht. Wieder einmal ist alles super gelaufen. Im wahrsten Sinne des Wortes. Es schien übrigens mal wieder die Sonne! Die Sonne erinnerte einen daran, dass man sich in Spanien aufhält. Man lernt auf diesem Weg doch recht schnell Leute kennen und so aß ich nicht allein zu Abend, sondern mit Jaqueline aus Frankreich und Heidrun aus Berlin. Danach nichts wie ab ins Bett. Buenas noches.

Montag 10. Mai

Heute Morgen gibt es zum Auftakt gleich Dauerregen. Es ist 7.00 Uhr, ich gehe mit Regenhose, Schuhschoner usw. los. Meine Schuhe wechselte ich mehrmals auf dieser Strecke. Ich hatte angenommen der Weg würde nicht mehr so matschig sein. Aber zu früh gefreut. Ich wechselte wieder zu meinen neuen Wanderschuhen und wechselte sie, da diese sehr schmerzten. Jetzt ist es schon 10.00 Uhr und ich bin erst in Azofra (6,4 Km). Azofra ist ein kleiner Ort am Jakobsweg Camino Francés in der Autonomen Gemeinschaft La Rioja. Es regnete immer noch sehr stark. In der Bar traf ich einen Vater mit seinem Sohn. Seinem Sohn ging es nicht gut. Er hoffte mit seinem Sohn bis nach Santo Domingo de la

Calzada zu kommen, um einen Arzt auf zu suchen. Armer Sohn, dachte ich mir. Ich quälte mich weiter auf meinem WEG. Von weitem sah ich ein Unwetter aufziehen. Auch das noch, dachte ich mir. Richtig dunkle schwarze Wolken rückten immer näher. Der Himmel verdunkelte sich zunehmend. Dachte an Twister, den Katastrophenfilm. Dem wollte ich mich nun doch nicht nach all meinen Mühen heute aussetzen. Ich bog etwas vom Weg ab. Das Dorf, dem ich zusteuerte, war sehr klein, ich hoffte aber, dort eventuell ein Zimmer zu bekommen. Auf der Dorfstraße stieß ich auf eine eingezäunte, ich würde sagen Müllhalde. So sah es zu mindestens hinter dem Zaun aus. Plötzlich und unverhofft ein lautes Bellen und damit verbunden ein heran springender Hund. Wow der konnte kläffen. Ich erschrak. Es war ein Labrador, fast weiß, ein schöner Hund. Ich selbst habe keinen, aber wenn ich mir einen zulegen würde, dann solch einen. Bei mir war es Liebe auf den ersten Blick. Bei ihm wohl eher der……. Ich kann es nicht sagen. Er tat mir leid. Wie konnte man solch einem schönen Hund nur so ein zuhause geben? In Deutschland wäre der Tierschutzverein bestimmt zur Stelle gewesen, aber hier? Ich kniete nieder zu ihm und redete in Deutsch auf ihn ein. Wie hübsch er doch wäre, ja ein toller Hund, ein feiner Hund. Ich verpasste ihm einen Namen. Blanco taufte ich ihn. Vermutlich wegen seines fast weißen Fells. Vielleicht war er ja auch weiß, wenn man die Umstände bedenkt, wo er hauste. Der Rest war wohl Dreck und Schmutz, der ihn nicht ganz weiß erscheinen ließ. Ich hatte das Gefühl, er spürte, dass ich Mitleid mit ihm hatte und er vielleicht hoffte, ich würde ihn aus diesem Drecksloch heraus helfen können. Ich hätte es sehr gern getan, jetzt wo er mir sogar seine Pfote durch den Zaun zur Begrüßung anbot. Ich schüttelte sie ihm und sagte in Spanisch Buen día. Ich Hilflos, er Erwartungsvoll, so trennten wir uns erstmal wieder. Ich kam zur Dorf Bar und bestellte mir einen Café con leche. Die Wirtin fragte ich nach einer Herberge in der Nähe. Ich hatte nicht das Gefühl, dass sie mich verstanden hatte, denn sie verrichtete weiter ihre Aufgaben im Lokal. Erst als ich schon weiter ziehen wollte und la cuenta por favor sagte, was so viel heißt, wie die Rechnung, bitte. Da nahm sie mich schon fast an der Hand und führte mich hinaus auf die Straße. Der Himmel verdunkelte sich mehr und mehr, was schon bald nicht mehr möglich war, so, wie er vorher war. Sie ging mit mir einige Häuser zurück, auf dem Weg, den ich gekommen war. Fast auf gleicher Höhe, wo ich Blanco begegnet war, blieb sie stehen und ging mit mir in das Haus. Sie brachte mich in eine kleine Wohnung mit Bad und Fernseher. Sie überließ mir den Schlüssel zur Wohnung. Ich war zunehmend überrascht. Deutete mit

Zeigefinger und Daumen fragend an, wie teuer doch diese Unterkunft wohl wäre? „Diez Euro" sagte sie darauf, was ich sogar verstand. Zehn Euro, welch ein Luxus. Um 16.20 Uhr sitze ich rasiert, gebadet, Pediküre, Maniküre also rundum sauber und fein in der Bar "Las Candelas" von Cirinuela beim Mittagessen. Viele Namen in Spanien enden oft mit ...ela.

Ich musste dabei an meine Frau Ela denken. Sogar meine Sticks, die Wanderstöcke, Regenhose und Schuhe habe ich gesäubert. Ich habe wieder mal ein super Glück gehabt. Während meines Tuns muss draußen derweil die Welt untergegangen sein. Wolkenbruch ähnlich, zwar kurz, stürzte der Himmel auf die Erde. Zumindest hatte ich so das Gefühl. Ich dachte an die anderen Pilger, die trotz Vorahnung den Weg weiter gingen. Ich dachte an Blanco der keinen Zufluchtsort hatte. Ich selbst aber war rundum zufrieden. Pilgern kann auch Überraschungen schenken. Nach dem Essen erkundete ich das kleine Dorf mit einer in der Bar erworbenen Wurst. Ich machte mich auf den Weg, dieses Mal aber zu Blanco, meinem neu gewonnenen spanischen Freund. Dieses Mal kein Bellen ein eher erfreutes Jaulen erwartete mich. Er und ich waren froh, dass wir das Unwetter überlebt hatten. Über die Wurst freute er sich besonders und fing für mich an zu tanzen vor Freude. Ich hätte gerne Fluchthilfe geleistet. Die Sonne strahlte jetzt wieder. Mehrere Regenbogen erleuchteten

den Himmel. Alles war noch nass und feucht
und so lief ich dann durchs Dorf und
fotografierte eifrig. Ich war zufrieden mit
mir und der Welt. Buenas noches.

Montag 10. Mai

Um 7.30 Uhr bin ich schon beim Frühstück.
Gleich geht`s wieder auf meinen WEG. Ich
lasse mir noch eine Wurst für meinen Freund
einpacken. Nach dem Zahlen und noch schnell
den Pilgerstempel einheimsen, verließ ich die
Bar Richtung Blanco, der, so schien es mir,
schon auf mich wartete. Ich überließ ihm die
Wurst und ließ ihn noch aus meiner
Wasserflasche trinken. Das klappte recht gut.
Er wäre bestimmt ein wahrer Pilgerbruder
gewesen. Doch leider trennten sich jetzt
unsere Wege. Er blickte mir noch traurig nach

und ich versprach ihm, dass ich ihn bestimmt noch mal besuchen käme.

Die Dorfkirche wurde von der Morgensonne angestrahlt. Sie wirkte jetzt größer und schöner als gestern. Fast Kathedralenhaft. Ich kam nach 7,3 Km nach Santo Domingo de la Calzada. Name ist identisch mit dem ihres Gründers, der – gemäß der Überlieferung – für die vorbeiziehenden Pilger eine Brücke und ein Hospital erbaute, sowie Wege anlegte und befestigte. Bekannt ist die Stadt auch für das Hühnerwunder, zu dessen Erinnerung ein (von einem Hühnerpaar bewohnten) Hühnerstall in der Kathedrale angebracht wurde.

Verrückt, dieselmal läuteten nicht die Glocken, sondern es krähte ein Hahn und das, um diese Zeit, und das, nur ein Mal. Dieses Phänomen am Telefon meiner Frau zu erklären, ersparte ich mir.

Der Weg führte mich weiter über den Fluss Oja nach Granon. Ich hatte Glück noch in die Kapelle zu kommen, denn kurze Zeit später wurde sie wieder verschlossen. Die nach mir kamen, waren leider zu spät. Wieder einmal Glück gehabt. Grañón ist ein Ort am Jakobsweg Camino Francés. Die Bevölkerungszahlen von Grañón sind in einem deutlich erkennbaren Abschwung. Diese Situation resultiert aus den geringen wirtschaftlichen Entwicklungschancen, die eine konventionelle, extensive Landwirtschaft verschuldet. Gut ausgebildete junge Menschen müssen zumindest nach Logroño pendeln, um berufliche Chancen zu realisieren. Daraus ergibt sich, dass im Ort überwiegend Ältere oder schlecht bzw. gering qualifizierte junge Menschen verbleiben. Traumhaft schön war der Anblick als ich Grañón näher kam. Auch als ich längst Grañón hinter mir gelassen hatte, verweilte mein Blick noch einige Zeit in der wundervollen Ansicht. Nach zwanzig Kilometern erreichte ich Redecilla del Camino, die Glocken läuteten mich ein.

Wieder ein kleiner Ort, auf meinem WEG. Die weitere Entwicklung und Geschichte Redecilla del Caminos sind eng mit dem Jakobsweg verbunden, auch wenn er schon vor der Nutzung als Pilgerweg ein wichtiger Verbindungsweg durch diese Gegend war: das Erscheinungsbild ist dadurch geprägt indem der Ort sich entlang der Straße in Ost-West-Richtung erstreckt. Er soll westlichster Außenposten der Bautätigkeit Santo Domingos gewesen sein, verfügte über ein Pilgerhospiz, dem Sankt Lazarus. Auf dem Grundstück steht heute wieder eine Pilgerherberge. Und er wird im Pilgerführer des Jakobsbuchs prominent erwähnt. Herberge mit Menue heute Abend 19.00 Uhr für 20,00 €. Die Herberge wirkt schlicht, ist aber recht sauber. Es reichte mir für heute. Ich hatte so langsam die Ruhe weg. Ließ mich auf den Weg ein, den ich in vollen Zügen genoss. Auch die Glocken läuteten wieder, das kann doch kein Zufall sein? Es war ein wunderschöner Tag. Trocken, windig aber die Sonne schien! Mal sehen was der Abend noch so bringt. Ich freute mich auf zuhause, wenn ich allen meine Bilder zeigen könnte, von meinem WEG. Ich glaube, wenn man sie erst einmal sieht, meine Bilder würden alle gerne diesen Weg gehen wollen. In Natura ist er noch viel, viel schöner.

Denke an Ela, würde gerne die Eindrücke mit ihr geteilt haben, denke aber auch gleichzeitig, dass es gut und richtig war diesen Weg alleine angetreten zu haben. Buen Camino.

Dienstag 11. Mai

Es ist jetzt 15.00 Uhr und ich bin jetzt in Espinosa del Camino. Der Ort ist kleiner als klein. Würde nicht nur der Berliner sagen. Eigentlich war es kein Ort um Halt zu machen. Doch ich hörte auf das Läuten der Glocken. Ja, sie läuteten wieder einmal. Sie sagten mir, wann ich rasten sollte. Die Herberge machte nicht gerade einen einladenden Eindruck. Vielleicht lag es aber auch an den dahinter stehenden Häusern, die zusammen gefallen waren. Ich zögerte, die große Glocke, die vor der Tür der Herberge angebracht war, zu läuten. Ich hatte Angst, ich könnte damit die Herberge zum Einstürzen bringen, wie die Häuser dahinter. Nahm aber allen Mut zusammen und läutete dann doch. Es war die Herberge La Campana. Sie wurde wie im Outdoor Reiseführer beschrieben vom Pilgerveteranen „Pepe" geführt. Der Pilgerveteran "Pepe" hat in seinem Privathaus eine kleine halboffizielle Pilgerherberge eingerichtet, in der er den Pilgern einen persönlichen - gelegentlich auch resoluten - Empfang bereitet. Das las ich aber erst viel später.

Es dauerte einige Zeit, bis sich hinter der Tür Geräusche einstellten und noch etwas länger, bis sich die Tür öffnete. Ein älterer Herr Anfang 70 schätzte ich, taxierte mich von oben bis unten. Er bat mich einzutreten, aber zuvor meine Wanderschuhe aus zu ziehen. Dem folgte ich auch. Schon beim Eintreten empfand ich seine Herberge nicht unbedingt wie andere Herbergen zuvor. Ich betrat einen großen Aufenthaltsraum und wurde überrascht als das Licht, nach dem recht matten Licht zuvor, angeschaltet wurde. Ich glaube, er wusste dass ich, wie höchst wahrscheinlich alle anderen Pilger vor mir auch, erstaunt war über das scheinbar private Mini-Museum, das ich jetzt bestaunte. Vitrinen mit Glas beinhalteten Brieföffner, viele aus unterschiedlichsten Formen und Materialien. Aber nicht nur die, Duell-Pistolen, Fingerhüte usw. Er schien sich mit mir mit zu freuen und war sehr, sehr stolz auf sein Mini-Museum. Er zeigte mir die Räume, es waren zwei mit insgesamt zehn Betten - Stockbetten. Ich schien heute der Erste zu sein und durfte mir das Bett aussuchen, das ich mir gleich für die Nacht zurecht machte. Ich legte, wie bei allen anderen, meinen Schlafsack ausgebreitet auf das Bett, zum Zeichen, das Bett ist besetzt. Ähnlich wie bei einem Urlaub auf Mallorca, wo morgens schon die Hotelgäste noch vor dem Frühstück, mit einem Handtuch die Strandliege reservieren, obwohl manche erst nachmittags kommen. In der Regel Deutsche. Aber das hier war ja ein anderer Urlaub. Pepe erklärte mir, die Essenszeit sei um 19.00 Uhr und ich solle doch bitte pünktlich sein. Er selbst ging wieder hinunter in sein Schlaf- und Arbeitszimmer. Ich war allein. Von unter erklang klassische Musik. Ich liebe klassische Musik. Besonders auf diesem Weg, meinem WEG. Ich konnte die Ruhe, trotz der Musik, voll genießen. Ich legte mich auf meinen ausgebreiteten Schlafsack und genoss. Ich war nicht müde und so beschloss ich, mich frisch zu machen und ging duschen. Es gab ein Badezimmer mit Dusche und Toilette. Ich dachte an den nächsten Morgen. Das könnte ja noch ein Gedränge geben, falls die Herberge voll werden sollte. Ich war wieder einmal stadtfein und verließ die Herberge mit einem laut rufenden Adios, hasta luego. Ich wollte mir doch mal den Ort, kleiner als klein, anschauen und entdecken. Letztendlich blieb ich aber in der Dorf Bar hängen, trank einen Café con leche und las mein Buch das ich für den langen Weg die ganze Zeit dabei hatte. Ich schrieb auch wieder in mein Tagebuch. Andere Pilger zogen vorbei oder machten eine Pause wie ich hier. Pause für die Kommenden, wartete ich auf das Essen, das es um 19.00

Uhr geben sollte. Die anderen hatten es alle eiliger als ich. Es war ein angenehmer, zwar frischer, aber auch sonniger Nachmittag. Ich konnte mir eigentlich nicht denken, dass die anderen vorhatten, noch bis Burgos zu laufen, da Burgos noch gute 40 Km entfernt war. Aber zuzutrauen wäre es einigen schon gewesen. So wie sie wieder mal an mir vorbei hetzten. Egal dachte ich, langsam kommt man auch ans Ziel. (Buchtitel von Monika Laatsch) Engelsdorfer Verlag Leipzig.

Die Tour ging heute von Redecilla del Camino - Viloria -Villamayor - Belorado - Tosantos - Villambistia - und eben Espinosa del Camino. Immerhin 23 km.Ich traf auch wieder Heidrun aus Berlin und Lii aus Korea. Wir tranken zusammen Kaffee noch in Bolorado. Dann ging wieder jeder für sich, seinen Weg. Ich ging meinen WEG. Mir ging das Glockenläuten immer noch nicht aus dem Kopf und ich blätterte in meinem Tagebuch zurück, zu den Orten oder Städtchen, die ich bereits durchlaufen hatte. Ich wollte sehen, ob die Orte wo ich zufällig Stopp gemacht hatte, auch auf "Camino" endeten. Wie zuvor Redecilla del Camino. Auch ob es eventuell Orte waren die mit "ELA" endeten, der Name meine Frau. Ich suchte nach einer eventuellen Erklärung für das, was hier mit mir geschah auf meinem WEG. Sollte es vielleicht doch nur Zufall sein? Ich fand keine Erklärung bei meinem Café con leche und ging, noch viel zu früh, zurück zur Herberge. Dreckige, neben meinen stehende Wanderschuhe, ließen mich wissen, dass ich nicht mehr allein in der Herberge sein würde. Ich konnte gar nicht so viel in mein Tagebuch schreiben, was ich hätte alles schreiben sollen. Sonst wäre es damals schon ein Buch und nicht ein Tagebuch geworden. Es war wieder ein wunderschöner Weg. Laut meines Outdoor Reiseführers soll es morgen eine harte Strecke werden. Ich hoffte, dass es nicht regnen würde. Aber es sah jetzt schon nach Regen aus. Mich Begrüßten herzlich drei Pärchen aus Belgien, Finnland und Frankreich. Das wird ja was geben dachte ich. Mein schlechtes Schulenglisch, kein Spanisch, kein Französisch geschweige

Finnisch. Zum Glück verlief unser Gespräch beim Essen wie bei einem Hallen Fußball. Man konnte über Bande sprechen. Naja, die Belgier konnten außer ihrer Sprache auch ein wenig englisch und poco (wenig) spanisch. Die Finnen wiederum etwas deutsch. Die aus Frankreich etwas spanisch. Wie sich heraus stellte waren die am schlechtesten dran. Wenn Pepe etwas in Spanisch sagte übersetzten die Belgier es in Englisch. Sagten die Finnen etwas in Deutsch, so konnte ich fast alles mit meinem Schulenglisch weitergeben was wiederum die Belgier an die Franzosen und sie wiederum an Pepe in Spanisch wieder mitteilen konnten. Ganz schön kompliziert, oder. Es war aber trotz des Anfangs ruhiger Tischrunde ein sehr netter und gelungener Abend. Pepe hatte sich viel Mühe gegeben. Er hatte alles selbst gekocht und zubereitet und verwies darauf, dass wir am nächsten Morgen mit Trompeten geweckt werden würden und zeigte auf ein altes Horn an der Wand. Er entließ uns vom Tisch, ohne dass wir Ihm helfen durften abzuräumen. Wir sollten uns um uns kümmern. Die drei Pärchen machten noch einen Abendspaziergang. Ich hingegen setzte mich in Pepes Mini-Museum und lauschte seiner Klassischen Musik, die er jetzt gerade anstellte um daneben unseren Abwasch zu tätigen. Zuvor kam er noch zu mir und reichte mir ein Buch vom Camino de Santiago mit vielen Fotos. Er zeigte mir seine Herberge in dem Buch und erzählte mir, dass er vor Jahren selbst den Camino de Santiago gelaufen war. Er erzählte mit Händen und Füssen. Es geht halt auch ohne spanisch zu können, dachte ich mir. Herr Hape Kerkeling hätte zuvor schon am Tisch keine Probleme gehabt. Vielleicht musste er auch viel für andere übersetzen. Dachte ich so. Es war ein schöner Abend, an dem ich träumend mit der Musik, meinen WEG in

Gedanken nochmals lief. Buenas noches.

Mittwoch 12. Mai

Es war schon witzig, dass wir alle mit Hornblasen geweckt wurden. Aber so richtig wach werden sollten wir doch erst am Frühstückstisch. Pepe hatte alles schon fertig. Hier muss ich eingestehen, mit alles fertig meine ich Kaffee, heiße Milch und Kekse. Ein typisch spanisches Frühstück eben. Für verwöhnte Frühstücker mal kein Frühstück mi Ei, Marmelade, Schinken oder Wurst. Aber man konnte Pepe ansehen, dass er sich sehr viel Mühe gemacht hatte und ich glaube, keiner konnte ihm böse sein. Es hatte jeder sein Platzdeckchen bekommen. Also richtig liebevoll gedeckt. Mit herzlichen Umarmungen und einem Buen Camino schickte er uns wieder auf unseren Weg. Was einem alles so durch den Kopf geht, so am frühen Morgen. Ich fragte mich, wie Frauen so schnarchen konnten. Die letzte Nacht war geprägt von schnarchenden Frauen, aber wie. Schlimmer als Männer. Ich lachte in mich hinein. Ich habe es ja überstanden. Kerle fand ich, Schnarchen nicht so laut. Es ist jetzt 9.00 Uhr und ich bin schon 3,6 km gelaufen bis Villafranca Montes de Oca. Villafranca ist ein Straßendorf, das sich ungefähr über einen Kilometer entlang der Nationalstraße N 120 erstreckt. Die vielbefahrene Verkehrsader ist zugleich die Hauptstraße - Calle Mayor - des Ortes. Direkt hinter dem Dorf beginnen die Montes de Oca, letzte geografische Erhebung vor dem zentralspanischen Tafelland Meseta. Ich sitze in einer spartanischen Bar und frühstücke jetzt erst mal ausgiebig, bevor es zwölf km über den Pass geht, so richtig strong. Sah eben noch Pilger die schummelten und mit dem Bus fuhren. Ich hoffe, meine Wanderschuhe machen mit. Ich habe auch kein Geld mehr. Shit. Weil ich die nächsten zwei Tage kein Geld bekomme.

Der nächste Geldautomat befindet sich in Burgos. Toll dachte ich. Ich fand es gar nicht lustig. Als ich das in meinem Outdoor Reiseführer las und da stand geschrieben, wo man sich gerade befand, in Villafranca Montes de Oca. Ich sah den Bus wieder kommen, mit den schummelnden Pilgern. Dadurch, dass ich ja zuvor auch noch ausgiebig gefrühstückt hatte, sah meine Geldbörse nicht danach aus, das das Geld fürs Busticket noch reichen würde. Der Bus hielt, ich fragte den Busfahrer, wieder mal mit Zeigefinger und Daumen, wieviel ... er verstand mich gleich und sagte 2,18 €. Ich schaute in meiner Hose nach dem Kleingeld und mit 2, 5, 10, und 20 Cents kamen 2,18 € zusammen. War ich froh! Wiederum schade, denn ich wollte Busfahren auf meinem WEG vermeiden. Aber es ging leider nicht anders.

Vor dem Busfahren war es noch trocken gewesen. Jetzt ist es 10.15 Uhr, 7° Grad und es regnet. Jetzt bin ich doch recht froh, denn es regnet sehr stark und ich sitze im Bus, Ziel Burgos. Buen Camino

Nachdem ich den Busbahnhof von Burgos erreichte, Burgos ist die Hauptstadt der gleichnamigen Provinz der Autonomen Gemeinschaft Kastilien-León (Castilla y León) und liegt 856 m über dem Meeresspiegel am Jakobsweg nach Santiago de Compostela ging ich wieder einmal zielstrebig zur Touristeninformation. Ich ließ mir für Burgos einen Stadtplan aushändigen. Die nette

Spanierin am Schalter kreiste auch hier gleich wieder für mich die Herbergen und Sehenswürdigkeiten mit einem Kugelschreiber ein. Ich bedankte mich vielmals und verließ den Bahnhof. Sofort gegenüber ein Geldautomat. Nichts wie rein mit der Geldkarte, dachte ich und als dann das Geld aus dem Automaten kam, war ich glücklich. Ich ging nach Plan in Richtung Kathedrale. Überquerte den Fluss La Isla über eine Brücke und stand fast schon vor dem großen St. Maria Tor, Torburgen Richtung Kathedrale. Als wenn man auf mich gewartet hätte, standen, im Torbogen Toby und Kylie und winkten schon von weitem. Die Freude war beiderseits. Sie standen einfach so da, wie immer mit ihren Gartenschuhen aus Plastik. Sie werden sie kennen, hinten offen und vorne ziemlich viele Öffnungen zur Fußbelüftung. Ich selbst habe solche Schuhe für den Garten. Damit liefen sie jetzt schon seit Saint-Jean-Pied-dePort. Ich glaube, dass gerade deswegen Kylie zuvor schon Probleme hatte mit dem Schienbein. Aber jetzt hatte auch Toby Knie- und

Knöchelschmerzen. Auch Kylie taten die Knöchel jetzt weh. Ich sah sie vor mir, mit Plastiktüten über offenen Schuhe gezogen auf dem matschigen, modrigen Weg gehen. Ich hätte das in den Schuhen bestimmt nicht bis Burgos geschafft, dachte ich. Aber wie es so ist, jeder hat seinen eigenen Weg für sich so geplant. Ob mit Wanderschuhen, oder ohne, Wanderstöcken oder ohne, langen Hosen oder kurzen Hosen. Jeder musste hier auf dem Weg sich auf sich selbst verlassen. Sie hatten schon eine Herberge und wollten mich gleich mitnehmen. Ich erzählte Ihnen beim Café con leche in der Bar von meinem unfreiwilligen Busfahren. Sie wiederum erzählten mir, dass ich nichts versäumt hätte, da der Weg auf dieser Strecke nicht sehr schön gewesen sein soll. Allein die letzten zehn Kilometer hätten sich lang durch das Industriegebiet von Burgos gezogen. Also wieder einmal alles richtig gemacht, dachte ich mir. Wir trennten uns wiedermal mit einem Buen Camino und wussten aber auch, dass wir uns spätesten in Santiago wieder sehen würden, hoffentlich.

Ich wollte mir eigentlich noch die Kathedrale ansehen, aber auch als Pilger musste man 2010 schon 2,50 € Eintritt für das Gotteshaus bezahlen. Nee, dachte ich und ging auf Pfeilsuche. Die Gelben Pfeile, die einem Pilger den Weg weisen. Zuvor machte ich halt bei einer Farmacía (Apotheke)um mir einen Verband für meinen immer noch schmerzenden Knöchel zu kaufen. Obwohl ich ja heute bislang nur 3,6 km gelaufen war, tat mir mein Knöchel doch ganz schön weh. Mein Knöchel wurde von mir einbalsamiert und umwickelt. So zog ich nun dann mehrmals nach Santiago fragend durch Burgos. Die Spanier, die ich fragte, zeigten mir dann immer die Richtung. Ich bin jetzt also wieder auf dem Camino in Richtung Santiago raus aus Burgos. Die gelben Pfeile sind hier schwer zu entdecken. Deshalb fragte ich mich zur Sicherheit lieber durch. Ich hatte den Eindruck mit Verband liefe es sich schon mal besser. Lange zog sich der Weg am La Isla entlang. An der Universität vorbei, welche baulich unglaublich, schön ist. Ich fand jetzt auch die ersten gelben

Pfeile wieder. Ich war also auf dem richtigen Weg. Ich war noch nicht mal richtig raus aus Burgos, da holten mich Toby und Kylie ein. Eigentlich wollten sie sich noch einen Tag Auszeit gönnen, jetzt hatten sie mich eingeholt und wollten mit mir ein Stück laufen. Ich fand das irgendwie nett. Sie erzählten mir, dass sie sich nicht noch einen Tag in solch einer großen Stadt wie Burgos aufhalten wollten. So, liefen bzw. humpelten wir weiter den Weg zusammen noch bis Rabe de las Calzadas. Dort läuteten wieder einmal die Glocken. Insgesamt nur 13,5 km. Rabé de las Calzadas ist eine Gemeinde am Jakobsweg in der Provinz Burgos der Autonomen Gemeinschaft Kastilien-León in Spanien. Toby und Kylie bezogen ein anderes Zimmer als ich. Die letzten fünf km hatte es wieder geregnet. Zuvor in Tardajos - die Geschichte von Tardajos lässt sich bis in die keltische Epoche der Iberischen Halbinsel ins 8. Jahrhundert v. Chr. zurückverfolgen - lud ich beide auf ein Glas Rotwein ein und behauptete frech, das würde unser Leiden mildern.

Unterwegs entdeckte ich eine Tafel vom Camino. Ich glaubte darauf zu erkennen, dass ich die Hälfte meines Weges erreicht hätte. Es ist jetzt 17.30 Uhr. Mal sehen was der Abend noch so bringt. Buen Camino

Donnerstag 13. Mai

Der gestrige Abend war wieder einmal sehr schön. Zwei Frauen aus Paderborn, Toby, Kylie und ich saßen gegen Abend in einer Bar und tranken wieder einmal Rotwein und tauschten uns über bisherige Erfahrungen auf unserem Weg aus. Es war ein netter Abschluss des Tages. Am nächsten Morgen ging es bei Regen, wie sollte es auch anders sein, weiter über die Anfänge der Hochebene, die sogenannte Meseta. Mesete ... fruchtbare Hochebene ... endlose Weiten ... kurvenlose Straßen. Als Meseta wird das im Zentrum der Iberischen

Halbinsel gelegene über 200.000 km² große kastilische Hochland in Spanien bezeichnet.

Es schneite sogar, zwar leicht, auf dem Wegstück nach Hornillos del Camino. Toby und Kylie wollten in Hornillos del Camino stoppen. Ihnen taten die Knie und Knöchel weh. Sie wollten bis zum Öffnen der Herberge warten und sich somit schonen. Ich selbst, bis dahin bandagiert und mit meinen neuen Wanderschuhen, lief aber nun ohne die beiden weiter. Meine Schuhe drückten aber trotzdem ganz schön. Ich wechselte die Schuhe, trotz des Matschbodens, und lief ohne Toby und Kylie noch elf km nach Hontanas. Hontanas Zeugnis von der langen Verbundenheit des Ortes mit dem Pilgerweg nach Santiago de Compostela ist das ehemalige Pilgerhospiz „Hospital de San Juan" oder „Meson de los Franceses" - Franzosenhaus. Es wurde restauriert und dient heute wieder als Pilgerherberge. Darüber hinaus erwähnt Domenico Laffi den Ort in seinem Pilgerbericht. Wieder einmal tauchten Toby und Kylie auf, die keine Lust mehr hatten bis zum Öffnen der Herberge in Hornillos del Camino zu warten. Die letzten drei km liefen wir zusammen nach Hontanas, wo wir jetzt unser Bett fanden und Toby abends kochen wollte. Das wird bestimmt schön. Wir waren, schätze ich mal, ab ca. 13.30 Uhr in Hontanas 18,9 km den wirklich nassen und matschigen Weg gelaufen. Beim Einlaufen in Hontanas läuteten wieder die Glocken. Kylie drehte sich kurz zu mir um und deutete auf den Glockenturm der Kirche und sagte: "I hear the bells." Endlich dachte ich, war ich nicht mehr damit allein. Endlich jemand, der es selbst miterlebte. Ich hatte natürlich allen anderen mit denen ich ins Gespräch kam auf dem Weg, meinem WEG von diesem, meinem Phänomen erzählt. Fragte mich aber da schon, was die so von mir denken mussten. Es war noch ein schöner, netter Abend mit den beiden, bevor wir alle zu Bett gingen.

Buenas noches.

Freitag 14. Mai

Schon vor sechs Uhr wuselten die ersten Spanier mit ihren Taschen und Beuteln durch die Herberge. Sie wollten so schnell wie möglich weiter. Ich hingegen blieb bis sieben im Bett liegen. Es war ja nicht nur mein Weg, sondern auch mein Urlaub. Den Abend zuvor waren Toby, Kylie, ich und ein junger Kanadier in der Bar, nach dem von Toby gekochten Essen. Sebastian, 19 Jahre alt, war mit seinem Vater auf dem Weg. Er war ein Sprachtalent, konnte vier Fremdsprachen darunter auch Chinesisch. Nur Deutsch nicht. Dachte auch hier wieder an Herrn Hape Kerkeling. Wie leicht es ihm doch gefallen sein muss, sich mit all den hier sich aus aller Welt treffenden, unterhalten zu haben. Ich bewunderte auch diesen jungen Mann. Aber er war sooo eingebildet, dass ich mich doch lieber Toby und Kylie zugewandt habe. Ich fragte mich welche Defizite den jungen Mann veranlasst haben mussten, sich soooo von uns anderen abzuheben. Obwohl bei meiner Ausbildung Psycho- und Soziale Arbeit als Schwerpunkt gelehrt wurde, hatte ich hier auf dem Weg keine Lust, das zu analysieren. Eigentlich tat er mir zunehmend Leid. Wer weiß, was die anderen, denen ich von meinem Gebimmel erzählt hatte, von mir dachten. Viele, die man hier auf dem Camino trifft, finde ich, sind doch, vorsichtig ausgedrückt, oft sonderbar. Aber vielleicht empfinden andere ja das auch bei mir.

Als ich startete, war noch Raureif auf den Blättern und Pflanzen am Wegesrand. Und es war kalt. Ich schätzte höchsten 5° Grad C. Dabei war es trocken und später sogar sonnig. Schon von weitem wirkte der Ort Castrojeriz wie ein Fels in der Brandung. Ein wundervolles Panorama zeichnete den Weg. Castrojeriz ist eine beliebte Station auf dem Camino de Santiago [1] oder Jakobsweg, der die Stadt für mehr als 1500 Meter in Längsrichtung durchquert. [2] [3]

Nach nur zwölf km, wollte ich nun hier in Castrojeriz bleiben. Ich brauche Mal ´ne Pause dachte ich. Und das ohne Glockengeläut. Ich machte mich schon selbst lustig über mein Phänomen: Gebimmel. Toby und Kylie liefen weiter. Man wird sich schon wiedersehen. Ich hatte Glück, dass man mich so früh schon auf dem Campingplatz am Ortsanfang aufnahm. Der Platzwart oder Chef war wieder sehr, sehr nett und fragte gleich, ob ich abends mit ihnen essen wollte. Ich sagte zu, wollte aber nicht Zelten, dafür war es zu kalt, obwohl ich ja mein Leichtzelt dabei hatte. Ich bekam ein Bett in einer riesigen Halle. Wow, dachte ich, das wird ja was geben. Solch ein Campingplatz hat den Vorteil, dass er über sehr viele Toiletten, Duschen und Waschmaschinen verfügt. Ich nutzte natürlich das ganze gleich aus. Nachdem ich geduscht, Sachen in der Waschmaschine und Schuhe gereinigt hatte, machte ich mich auf, das Dorf zu erkunden. Ich wollte aber auch auf den höchsten Punkt, wo sich die Burgruine befand. Nach meinem Aufstieg zur Burgruine und den Fotoschüssen hielt ich Ausschau nach einem Einkaufsladen um mich mit etwas leckerem zu belohnen. Ich traf während meines Schlenderns Tanja aus Berlin wieder. Wir begrüßten uns allerdings nur so. Dachte: der Camino ist doch eigentlich kurz. Zurück auf dem Campingplatz setzte ich mich in den Garten an einen riesigen Steintisch, um meine Einkäufe, wie Wurst, Käse, Obst, Baguette, Milch zu verzehren.

Über neun Katzen gesellten sich mir zu und umschlichen den riesigen Steintisch. Somit war ich nicht allein. Hübsche Katzen allesamt. Haben wollte ich aber dennoch keine. Sie hießen alle bei mir Mulle und ich teilte natürlich auch mit ihnen. Danach Siesta. Die Siesta ['sjesta] ist der traditionelle spanische Mittagsschlaf. Als ich wach wurde, war ich nicht mehr allein in der riesigen Halle mit ca. 100 Betten. Eine Frau hatte sich eingefunden. Wie sich später heraus stellte, war es Marion, wiederum aus Berlin. Sie arbeitet als Stationsschwester in Lichtenberg für Krebskranke. Sie war mit dem

Fahrrad unterwegs. Das Fahrrad war ein ganz normales Damenfahrrad. Hut ab, dachte ich. Wir aßen später zusammen in der Camping-Herberge. Wie sie mir beim Essen erzählte, wollte sie nur mal raus aus Berlin und machte eine Woche den Camino mit dem Fahrrad. Die kommende Nacht sollte die kälteste meines Weges werden. Es war so kalt, dass ich mir zwei Decken zusätzlich von Nachbars Bett besorgte. Trotzdem fror ich noch. Es war keine gute Nacht. Morgens, als Marion mit ihrem Fahrrad weiter wollte, waren noch Eiskristalle auf ihrem Sattel. Ich befühlte meine gewaschene Wäsche. Nass!!! Na toll, sauber, aber Nass. Nicht nur, das ich meine etwas wärmere Fleece Jacke nicht tragen konnte sondern sie war dadurch auch schwerer in meinem Rucksack. Auch musste ich sie separat in einen Beutel stecken um nicht meine anderen Sachen feucht werden zu lassen. Das gleiche tat ich mit Hose, Socken und Schlüpfer, die ja auch nicht trocken waren.

Samstag 15. Mai

Ich machte mich frierend und mit schlechter Laune auf meinen WEG. Es war saukalt gewesen, in der Nacht. Ich ließ mich in der ersten Bar die mir begegnete, zum Frühstück nieder. Dadurch wurde mir auch etwas wärmer. Die noch nassen Sachen legte ich währenddessen über einen Stuhl nahe der Heizung. Jetzt nach 11,5 km und 12.00 Uhr machte ich in Itero de la Vega Zigarettenpause. Weiter ging es den 1,2 km steilen Anstieg über den sogenannten Tafelberg. Die Höhe bietet einen wundervollen Ausblick über der Meseta. Mir wurde bei dem Anstieg recht warm und es besserte sich meine Laune. Ich wurde wieder einmal, nach insgesamt 21 km durch das Läuten daran erinnert, eine Herberge aufzusuchen, für die Nacht. Der Name des Dorfes „Boadilla del Camino" verweist zum einen auf den Jakobsweg, für Boadilla nimmt man an, dass es eine Verkleinerungsform von lat. (agua) bovata, wörtlich etwa Ochsenwasser, darstellt und sich auf saisonale Versumpfungen und Lagunas genannte Seen bezieht, die vom Winter bis Frühsommer in der Meseta zu beobachten sind. Es war 16.00 Uhr als ich das letzte Bett in der Herberge bekam, in En el Camino, einer sehr liebevoll geführten privaten Pilger-verwöhn Herberge mit 48 Betten in einem rustikalen alten Kornspeicher und einem neueren Nebenraum. Garten mit Pool und englischem Rasen. Wäre es nicht so kalt, wäre der Pool bestimmt voll. Die Strecke war anstrengend aber wunderschön. Die Pfarrkirche Mariä Himmelfahrt (Iglesia de la Asunción) ist dreischiffig und beherbergt neben dem Hauptaltar aus dem 16. Jahrhundert einen weiteren Altar im Renaissancestil und ein sehenswertes Taufbecken aus dem 14. Jahrhundert.

Hinter der Kirche befindet sich das Rollo jurisdiccional, eine spätgotische Gerichtssäule aus dem 14. Jahrhundert, deren reiche Verzierung sich überwiegend auf den Apostel Jakobus bezieht. Das Rollo war in

Kastilien Symbol richterlicher Gewalt, Gerichts- und Vollstreckungsort. Die Verurteilten wurden an die Säule gebunden. Auch ein Schafott war gleich in der Nähe.

Sonntag 16. Mai

9.15 Uhr und ich bin schon in Fromista. Wahrscheinlich basiert der Ortsname auf einem westgotischen Eigennamen, eine eingängigere, häufig gebrauchte, aber wohl volksetymologische Erklärung verweist auf das Hauptanbauprodukt der Umgegend, den Weizen, und die Nähe des Ortsnamens zu Frumentum, dem lateinischen Namen dieses Getreides. Sie ??? wurde 1066 von Munia Mayor, der Witwe von König Sancho III. (Navarra), gestiftet. Beeindruckend wieder die Kirche im Dorf. Kirche San Martin. Das Gotteshaus ist durch seine Steinmetzarbeiten an den Außenfassaden berühmt. Besonders zu erwähnen sind die Konsolenfiguren an den Sparren unter den Dachüberständen, die Pflanzen, Tiere, Fabelwesen, Menschen und – für eine Kirche bemerkenswert – auch einige erotische Darstellungen, wie den „Phallusmann" zeigen (am Giebel des nördlichen Querschiffs) [1] . Die meisten Darstellungen dieser Art dürften allerdings bei der Restaurierung im 19. Jahrhundert entfernt worden sein. Das Innere der Kirche wirkt aufgrund der fehlenden Bemalung schmucklos und bezieht seinen Reiz im Wesentlichen aus den Kapitellen, die zum Teil bis in die kleinsten Einzelheiten ausgearbeitet sind. Sie stellen Pflanzen, Tiere und Menschen dar. Die meisten Steinmetzarbeiten sind gut erhaltene Originale; rekonstruierte Kapitelle oder Kämpfer sind mit dem Buchstaben "R" gekennzeichnet. Ansonsten schmücken nur drei Figuren den Innenraum. Linkerhand ist der Patron der Kirche, der heilige Martin von Tours, rechts der heilige Jakobus zu sehen. Das Kruzifix in der Mitte stammt aus dem späten 13. Jahrhundert. Wandbemalungen sind nicht dokumentiert. San Martin wurde über Jahrhunderte als Pfarrkirche genutzt; das hat sie vor dem Verfall bewahrt. Heute werden dort nur noch zu besonderen Anlässen Gottesdienste abgehalten. Die Kirche kann gegen ein kleines Entgelt besichtigt werden. Auch hier war ich nicht gewillt, diesen Obolus zu zahlen. Der Weg war hierher wunderschön. Morgens ging es am Kanal von Kastilien entlang. Leichter Nebel über dem Wasser verlieh dem Kanal eine besondere Note. Die Morgensonne gab allem den Rest. Spinnennetze in den Pflanzen am Ufer, die noch kleine Tautropfen trugen, glänzten in der Morgensonne, wie kleine Sterne und dazu der Morgennebel über dem Wasser. Wunderschön anzusehen und zu laufen. Obwohl die Herbergen bisher zum Abend doch recht voll waren, war ich überrascht, das ich, wenn ich morgens startete, sich die Pilger doch schnell verteilten und ich somit allein meinen WEG fortsetzen konnte. Die Natur übertraf sich heute Morgen wieder einmal selbst und mein

Schwelgen beim Telefonieren abends mit meiner Frau war nicht übertrieben. Ich hatte mich hier schon in den Weg verliebt.

Ich laufe heute den Weg mit verschiedenen Schuhen. Links trug ich den leichten Turnschuh und rechts einen von den neuen Wanderschuhen. Sah bestimmt witzig aus für andere, die nicht wussten, das ich somit links keine Schmerzen mehr hatte. Jetzt Café con leche trinkend in der Bar, ließ ich den Anblick von heute Morgen nochmals Revue passieren. Vorsichtig wie ich geworden bin - ich las jetzt immer schon über die nächste Etappe im Reiseführer - erfuhr ich, dass ich jetzt auf die sogenannte Pilgerautobahn kommen würde. Es handelt sich um einen speziell für Pilger angelegten Weg, der hier errichtet wurde, nachdem es vorher zu einigen tödlichen Unfällen gekommen war. Der historische Jakobsweg wurde über die Jahrhunderte hinweg immer besser ausgebaut und endete dann schließlich als Straße. Als dann später die Fußpilgerreise wiederbelebt wurde, stellte sich das eben genannte

Problem. Jetzt, angeblich nach Neuanlegung nicht mehr. Wir werden es ja gleich erleben, dachte ich mir. Bisher insgesamt 290 km gelaufen, erst. Ich dachte an die Zeit zuvor. Ich konnte mir auch nicht vorstellen, solch eine Strecke, gelaufen zu sein. Obwohl es mir dabei, abgesehen meines Knöchels, doch recht gut ging, im Vergleich mit anderen Pilgern, die ich unterwegs traf. Keine Blasen, keine Zerrungen, keine Erschöpfungszustände. Ich hoffe, Sie als Leser, bisher auch nicht. Vielleicht machte das aber auch die tägliche Einnahme von Magnesium, Bananen nach oder zum Frühstück, vielleicht auch der Rotwein, das Blut Jesus oder "Pilgerblut", das es mir so gut gehen ließ. Im wahrsten Sinne des Wortes. Auch während des Laufens, hatte ich einen kleinen runden Stein in meinem Mund, der mich, vor dem Austrocknen im Mund schützte. Für Nachahmer, bitte nicht auf den Stein beißen oder Schlucken. Links und rechts hatte ich jeweils für den Lauf eine 0,5 l Wasserflasche dabei. Ich schleppte mich nicht mit mehr ab. Notfalls kaufte ich Wasser in den Bars nach oder ich füllte sie an unterwegs stehenden Brunnen auf. Die Pilgerautobahn zog sich ganz schön hin. Es schien die Sonne und ich war jetzt in Villalcazar de Sirga.

Im Jahr 1069 wird Villasirga erstmals als Pilgerstation am Jakobsweg erwähnt. Durch Schenkung geriet das Dorf in den Besitz des Ordens der Tempelritter und verblieb dort bis zur Auflösung des Ordens im Jahr 1312, danach ging es an den Orden der Santiagoritter. Im Mittelalter ein wichtiger Ort
und marianisches Zentrum, existierten hier insgesamt drei Kirchen, spätestens ab dem 18. Jahrhundert begannen Bedeutungsverlust und Schrumpfung des Ortes auf die heutige Größe. Die reich verzierte Kirche Santa
María la Blanca, aus dem 13. Jahrhundert, zeigt den Übergang von der Romanik zur Go-

tik. Ein Erdbeben zerstörte 1888 das südliche
Seitenschiff (reduziert wiederaufge-
baut) und verrückte das südliche Portal in
seiner Geometrie. Im frühen 13. Jahrhundert
soll hier eine Marienfigur wundersame
Heilungen bewirkt haben, die Alfons X., den
Weisen, zu den Mariengesängen „Cantigas de
Santa Maria" anregten, die er entweder
initiierte oder an denen er sogar selbst
mitarbeitete. Die Marienfigur befindet sich
heute in der Santiago-Kapelle aus dem 16.
Jahrhundert, in der sich auch drei gotische
Sarkophage befinden, einer davon mit den
Gebeinen des 1247 gestorbenen Infanten Don
Felipe, Bruder von Alfons X. Die Marienfigur
lockte nach Bekanntwerden ihrer Wunder
zahlreiche Pilger an, dadurch verlegte sich
die Streckenführung des Jakobswegs innerhalb
kurzer Zeit zu Ungunsten Arconadas. Der
Ortsname beinhaltet Villa – Dorf, Weiler;
Alcázar – in etwa: Burg (von arab. alqasr,
das Haus) und Sirga – Weg, Fußweg; was
zusammengesetzt das 'Dorf an der Burg am Weg
(nach Santiago)' ergibt. Santa María la

Blanca. Dieser Heiligen ist die monumentale Kirche aus dem 13. Jahrhundert geweiht, die als "Sixtinische Kapelle der Spitzbogenromanik" gilt. Innen überraschen so wundervolle Werke wie das Bildnis der Virgen de las Cántigas aus dem 13. Jahrhundert, die polychromen Steingräber des Infanten Felipe und seiner Frau sowie das prächtige spanisch-flämische Retabel von ca. 1500; außen der doppelte Fries des Portals. Im oberen Teil ist der Pantokrator dargestellt, im unteren die Mariä Verkündigung und Epiphanias. All das unter perfektem Bogenwerk. Ich wollte dieses Mal nach Plan laufen. Ich las in meinem Reiseführer, dass es noch 5,5 km nach Carrion de los Condes wären. Danach sollte die nächste Etappe mit 18 km folgen. Bevor ich überhaupt Carrion de los Condes erreichte, wollte ich dort auch für die Nacht bleiben um am nächsten Morgen die 18 km zu laufen. Ich las auch, dass die Pilgerautobahn nach

Carrion de los Condes sich noch weiter erstrecken sollte. Nach insgesamt 26 km war das Ziel erreicht: Carrion de los Condes.

Ich fand, ich wurde immer besser. Ich wollte diese Nacht Zelten, da ich am Ortsanfang ein Camping-Schild gesehen hatte.

Carrión de los Condes ist eine Kleinstadt am Jakobsweg in der Provinz Palencia der Autonomen Gemeinschaft Kastilien-León. Sie liegt am Ufer des Río Carrión und hat mehrere Kirchen sowie das ehemalige Benediktinerkloster San Zoilo, das stadtauswärts am gegenüberliegenden Ufer des Carrión liegt.

Ich dachte an irgendwann mal gelesenen: „achte immer darauf, was dich anspricht, wohin du dich gezogen fühlst. Es könnte für deinen speziellen Weg wichtig sein."

Ich weiß nicht mehr, wo ich das gelesen hatte, doch schien mir das Campingschild für den Moment wieder mal ein Zeichen zu sein. Zumal ich ja ein Zelt dabei hatte. Um

19.00 Uhr steht das Zelt. Eigentlich nur noch duschen und Zähneputzen, die Pilgerpflege. Es waren wieder schöne 26 km. Ich ging aber vorher noch durch die Stadt. Gegen halb elf war ich zurück am Campingplatz. Es waren jetzt nur noch 10° C. Ich dachte an die vor mir liegende Nacht. Zelten ohne meine Frau Ela an meiner Seite. Keine zum kuscheln. Ich konnte erst sehr spät einschlafen. Andere Campinggenossen auf dem Platz, obwohl sie weiter weg ihr Zelt aufgebaut hatten, schnarchten so laut wie kaum andere zuvor in den Herbergen.

Schnarcher aus Deutschland und Holland raubten mir den Schlaf. Ansonsten war die Nacht im Zelt gut. Ich hatte es mir deutlich kälter vorgestellt. Da hatte sich ja meine Investition in Sachen Outdoor, wieder mal bezahlt gemacht.

Montag 17. Mai

Ich ging erstmal frühstücken. Es war schon 11.00 Uhr und die Sonne schien heute den ganzen Tag nur für mich da zu sein. Keine Wolke am Himmel, soweit ich sehen konnte. Der Nachteil am Zelten waren nicht nur die Kosten: 7,00 € pro Person, das Zelt auch 7,00 €, zusammen 14,00 €. Die Herberge wäre mich günstiger gekommen und jetzt hatte ich noch ein feuchtes Zelt vom Morgentau und musste das Abtrocknen des Zeltes abwarten. Ich nutzte die Zeit zum nochmaligen duschen und reinigte dabei auch gleich Hemd und Schlüpfer. Ich war nicht nur ein Warmduscher sondern auch noch ein Sauberpilger. Ich glaube ich kam erst gegen 13.00 Uhr los. Zum Unglück übersah ich beim Fotografieren einen Gelben Pfeil und lief gerade aus, obwohl ich mich hätte rechts halten müssen. Richtungsorientiert verlief der Weg nach rechts, parallel zu meinem jetzigen. Ich wollte nicht zurück laufen und so versuchte ich abzukürzen, in dem ich quer über die Felder lief. Anfangs war es noch kein Problem, etwas später kamen die ersten

Hürden. Zäune, Bäche und Gräben ließen mich mit Rucksack zum Zickzack Pilger werden. Gefühlte zwei Stunden später hüpfte ich mit Rucksack wieder auf meinen WEG.

Ich sprang fast einer jungen Frau aus Korea in die Arme. Wir beide mussten lachen. Ich hatte sie ganz am Anfang meines WEGES schon mal gesehen. Ich wollte ihr damals mit Blasenpflaster aushelfen. Sie hatte zu Anfang des Caminos nicht nur eine Freundin aus Korea dabei, sondern auch Probleme mit ihren Füssen. Jetzt traf ich sie aber allein an. Sie hieß Sunny. Wir gingen ein Stück gemeinsam und ich erfuhr, dass ihre Freundin nicht ihre Freundin war, sondern sie sich eben gleich am Anfang des Caminos kennen gelernt hatten und dadurch beide gestartet waren. Ich erfuhr auch, dass die Andere leider wegen Fußproblemen aufgeben musste. Ich hatte Glück bisher und war wieder zufrieden mit mir selbst.

Jetzt war ich endlich Calzadilla de la Cueza. Der Name des Ortes bezieht sich auf den Jakobsweg (Calzadilla = Verkleinerungsform von Calzada, Fußweg) und auf das Flüsschen Cueza. Im Ort wurden Spuren einer römischen Siedlung gefunden, die Bravo Lozano in einem Zusammenhang mit einer in Quintanilla de la Cueza ausgegrabenen römischen Villa stehend vermutet. Am Ortsrand kann man in einigen verfallenden Lehmbauten noch die Reste des ehemaligen Klosters Santa Maria de las Tiendas sehen, das auch unter dem Namen „Hospiz des Grand Cavalier" in Reisebeschreibungen erwähnt wurde. Das Kloster war eine große Abtei und Hospiz des Santiago Ritterordens, sein jetziger Zustand täuscht über seine frühere Größe hinweg.

Wieder einmal 18 km, ohne meine Abkürzung quer durchs Feld. Es war tierisch heiß auf dieser Strecke und es gab keine Bar unterwegs. Sunny und ich trennten uns für kurze Zeit. Sie ging in die Herberge und ich steuerte das Hotel daneben an. Später trafen wir uns noch auf Una cerveza grande. Auf ein großes Bier. Ich war müde und hoffte, endlich mal Briefmarken für meine bisher gekauften Postkarten zu bekommen. Aber auch in diesem Dorf gab es keine. Morgen soll die erste Bar nach 6,6 km kommen. Vielleicht frühstücke ich dann lieber hier. Buenas noches.

Dienstag 18.05.

Der Abend war wunderbar, mit der netten Sunny. Wir tranken unser cervezas (Bier) und aßen Tapas dazu. Dafür mal kein Pilgermenue. Heute gegen 7:00 Uhr wach, geduscht, zwei Café con leche Croissants und schon ging es weiter. Wieder lernte ich auf der Tour neue Frauen kennen. Reetika aus Indien und Lyane aus Australien. Wir pausierten bei nochmaligen Café con leche in San Nicolas (16,1 Km). Der Name des Ortes lautete bis ins 19. Jh. auf die Endung „del Camino Francés". Auch der Bezug auf den heiligen Nikolaus, der im Mittelalter als Schutzpatron der Wanderer und Pilger galt, belegt die enge Verbindung mit dem Jakobsweg. Urkundlich nachgewiesen sind Besitzungen des Templerordens vor Ort. Ein Pilgerhospiz wird in französischen Berichten unter dem Namen „Petit Cavalier" erwähnt (siehe Calzadilla de la Cueza mit Kloster Santa Maria de las Tiendas und dem Hospiz „Grand Cavalier"). Reetika aus Indien hatte wahnsinnige Schmerzen im Bein. Sie wollte heute nicht mehr weiter. Ich machte mich wieder auf. Das nun folgende Stück gehört zu den härtesten und für viele auch zu den spirituell aufregendsten des Weges, meines WEGES. Die absolut flache, meist einsame und vor allen Dingen schattenlose Landschaft ist eine echte Herausforderung für Körper, Geist und Seele, die Besonnenheit und gleichsam Gelassenheit verlangt. So stand es zumindest in meinem Reiseführer.

Ich bin bereit für die Herausforderung, sagte ich zum Abschied zu Reetika und Lyane. Es war ein herrlicher Tag zum Laufen. Die Sonne schien und alles war gut. 15:00 Uhr ich durchquere Sahagun. Sahagún ist eine Stadt am Jakobsweg in der Provinz León. Es war immer noch sehr heiß und so verpasste ich mir eine Kopfdusche am Brunnen. Das Glockenläuten in Calzada del Coto, ließ mich anhalten und eine Herberge suchen.

Der Name des Dorfes findet sich schon in den ältesten Urkunden des Klosters Sahagún in dieser Form und verweist auf den Jakobsweg (Calzata = Weg, Straße). Von einem Zacharias genannten Weiler (Villa Zacharias), der als mit dem Ort in Verbindung stehend genannt wird, lassen sich keine Spuren mehr ausmachen.

Die Dorfkirche ist dem heiligen Stephanus geweiht.

Ja, Calzada del Coto ließ mich wieder einmal durch Glockengeläut inne halten und eine Herberge aufsuchen. Es war eine doch sehr spartanische Herberge 5,2 km hinter „Sahagun". Naja, aber wenigstens ein Bett.

Bis zu dieser Stelle flossen mir meine geschriebenen Zeilen gut aus der Feder und waren für Sie werte Leser, so hoffe ich, auch unterhaltsam zu lesen. Dann passierte mir, was ich überhaupt nicht mehr nachvollziehen kann, dass ich im Schreiben vom Wege abkam. Ich weiß selber nicht mehr was mich abgelenkt hatte. Die Arbeit, die Familie ? Eine Schreibblockade. Ja, nicht nur für ein paar Tage, nein, jetzt bestimmt schon für gut vier Jahren. Ich hoffe, Sie haben sich gemerkt wie weit Sie literarisch mit mir den Weg, meinen WEG, ja jetzt eigentlich schon unseren Weg gelaufen sind. Ich würde gern später dort wieder mit Ihnen einsetzen und weiter, man kann ja beinahe fast schon sagen meinen / unseren WEG fortsetzen. Wenn ich es dann noch kräftemäßig schaffen sollte.

Einige Jahre sind inzwischen vergangen. Ich konnte für das darauf folgende Jahr, unsere Dokogruppe (Doko = ein Kartenspiel) überzeugen, mit mir den Weg im Frühjahr 2011 gemeinsam zu laufen. Zwar nicht den ganzen, aber immerhin bis Santo Domingo de la Calzada. Später zum Herbst 2011, da meine Frau zur Doko Gruppe gehört und es Ihr sehr gefallen hat, setzten wir dann bei Santo Domingo de la Calzada ein und liefen gemeinsam bis ans Ende der Welt (Finisterre & Muxia) Das darauf folgende Jahr 2012 liefen meine Frau & ich den Via Podiensis /../ Die Via Podiensis (lateinisch via = Weg, podium = Le Puy (dt. ,Bergkuppe')) ist einer der vier historischen Jakobswege in Frankreich. Er deckt sich heute im Wesentlichen mit dem Fernwanderweg GR 65 (frz. sentier de grande randonnée) und führt von Le Puy-en-Velay in der Auvergne nach Saint-Jean-Pied-de-Port in den Pyrenäen. In diesem Jahr schafften wir einen Rekord in unserem Pilgern......800 km und das erste Mal bei super Wetter endlich über die Pyrenäen. Zu Fuß. Das darauf folgende Jahr (2013) den Via de la Plata / Die Via de la Plata verbindet Hispalis (heute Sevilla) über Italica (heute Santiponce) und Emerita Augusta (heute Mérida), Helmantica (heute Salamanca) mit Asturica Augusta (heute Astorga). Aber nur ab Salamanca Hauptstadt der Provinz Salamanca in der autonomen spanischen Region Kastilien-León (Castilla y León). . 2014 dann den Der Camino de la Costa (dt.: Küstenweg), einen der Jakobswege nach

Santiago de Compostela. Der Küstenweg durchquert die spanischen Regionen Baskenland, Kantabrien, Asturien und Galicien. Auf dem galicischen Teilstück ab der Brücke in Ribadeo, wo er nur noch ein kurzes Stück entlang der Küste führt, wird der Weg auch als Camino del Norte bezeichnet. In Arzúa trifft er auf den Camino Francés, die Hauptroute des Jakobsweges. Eine Variante stellt ab Oviedo der Camino Primitivo dar, welcher in Palas de Rei auf den Camino Francés trifft. Der Caminho Portugues, auch der Camino de Mallorca bin ich mit meiner Frau gelaufen.

Soviel vielleicht dazu, meine Schreibblockade zu erklären vielleicht blieb mir keine Zeit zum Schreiben. Eben wie anfangs Erwähnt, ein Weg/ mein Weg und jetzt unser Weg der süchtig macht nach mehr.

Von all diesen Wegen stellte ich jeweils Foto Shows zusammen. Denn seit meinem ersten Camino warteten meine Senioren bei mir auf der Arbeit darauf, dass auch sie an diesen Tagen meines Urlaubs teilnehmen könnten.

Ich lud sie jedes Mal ein, über eine Großbildleinwand meine gesammelten Wandereindrücke zu genießen. Bei Kaffee und Kuchen und später mit spanischem Essen und Wein. So wurden meine Fotos zum Erlebnis für viele, die solche Wege selbst nicht mehr laufen würden können. Vielleicht hatte ich deshalb die Zeit nicht mehr gefunden, um meinen WEG literarisch mit ihnen fort zu setzten. Leider sind wir zusammen gerade Mal gute 360 km gelaufen. Ich weiß nicht was zeitlich aufwendiger war? Zu schreiben oder eine Foto- Show zusammen zu stellen? Ich glaube, es nimmt sich nichts. 2016 im Juli, genau gesagt am 01.07. war mein erster Rentner Tag. Am Tag zuvor lud ich all meine Senioren zum Abschied auf einen kleinen Imbiss ein. Ich war gerührt von den vielen die kamen, die mich drückten und mir Gesundheit und weiterhin viele Caminos wünschten. Ja, das dachte ich auch. Obwohl mir meine Arbeit sehr viel Spaß und Freude bereitet hatte, konnte ich mich aber auch gut mit den Gedanken anfreunden, jetzt mehr Zeit für mich zu haben. Mehr Reisen zu machen und mehr für meine Familie da zu sein. Ich glaube einige meiner Senioren fiel der Abschied schwerer als mir. 290 Senioren kamen allein um sich von mir zu verabschieden. Das konnte ich später anhand der Glückwunschkarten herausfinden. Es war für mich schon eine tolle Zeit gewesen. Aber ich glaubte auch, eine neue Zeit würde viel Neues bringen.

Ja, das sollte auch so sein. Trotz der vielen Gesundheitsglückwünsche bekam ich fünf Monate später meine Blasenkrebsdiagnose. Unser Costa Rica Urlaub im Frühjahr 2017 geriet zu platzen. Der, der zuvor keine Tabletten oder Salben brauchte, ich der, der immer bei der Arbeit funktioniert hatte, bekam plötzlich diese Hiobsbotschaft. Unangenehme Untersuchungen waren die Folge.

Zitat: OP Ende Januar. Der Costa Rica Urlaub wurde mir seitens der Ärzte gestattet. Der Urlaub war zwar schön, aber doch überschattet mit der Diagnose und der bevorstehen OP. Es hätte schöner, aber auch schlimmer sein können dachte ich mir, aber beim dem Stand der medizinischen Möglichkeiten machte ich mir keine Sorgen. Jedenfalls ließ ich es mir nicht anmerken. Nach einer gut überstanden OP, ging es mit meinem Schwager zehn Tage später auf dem Camino del Norte. Für mich zum zweiten Mal. Die Ärzte hatten nichts dagegen. Ich sollte nur keine fünfzig km am Tag laufen. Wir hatten eine tolle Zeit auf dem Camino. Um mich zu schonen fuhr ich einige Passagen mit dem Taxi oder Bus. Ich kümmerte mich dann vor Ort schon um die Unterkünfte. Wir starteten schon Mitte März und einige Herbergen machten erst ab April auf. Das mussten wir etwas schmerzlich erfahren, als wir am ersten Tag noch über 30 Km weiter laufen mussten, weil die Herberge zuvor geschlossen hatte. Aber alles verlief dann doch noch gut und wir erreichten nach gut fünf Wochen Santiago de Compostella. Kaum zurück, ließ die Nachresektion nicht lange auf sich warten und somit begab ich mich wieder in die Klinik. Auch diesen Eingriff habe ich gut überstanden. Mein Schwager war vom Laufen so angetan, das wir mit seinem Bruder und meiner Frau uns im Juli 2017 auf dem Malerweg aufmachten. Zu Fuß natürlich. Der Malerweg, ist der Hauptwanderweg des Elbsandsteingebirges. Seinen Namen erhielt er, weil viele Maler in den vergangenen Jahrhunderten mehr oder weniger romantische Ansichten der Felsformationen anfertigten.

Dieser Weg verläuft vom Liebethaler Grund bei Pirna, über Lohmen, den Uttewalder Grund, Stadt Wehlen, die Bastei, den Kurort Rathen, Hohnstein (Sächsische Schweiz), den Brand, Altendorf, weiter über die Schrammsteine und Affensteine, den Lichtenhainer Wasserfall, die Neumannmühle bis zur Räumichtmühle, wo er den östlichsten Punkt erreicht. Von dort verläuft er weiter westführend über Zeughaus und den Großen Winterberg nach Schmilka. In Schmilka wird die Elbe überquert und es geht weiter über Schöna, Krippen, den Papststein und den Gohrisch nach Königstein, die Festung

Königstein, Weißig (Sächsische Schweiz) bis Pirna. Der Malerweg ist insgesamt 112 km lang, davon entfallen 68 km auf den rechtselbischen Teil bis Schmilka und 44 km auf den linkselbischen Teil.

Wie sie sehen können, hatte ich wirklich kaum Zeit mich um unseren Weg zu kümmern. Ja, sie könnten jetzt sagen wie Politiker. Vorher große Töne „ Wir schaffen dass" und dann lass ich sie so einfach auf meinem Weg, unserem Weg zurück.

Nur 360 km bislang und nun? Ja......wenn das mal alles gewesen wäre. Damit meine ich nicht unseren Weg, meinen Weg. Anfang 2018 plante ich mit meiner Frau im April den Camino von Arles (Südfrankreich) bis zum Samport Pass zu laufen. Via Tolosana (frz. voie toulousaine) ist der lateinische Name des südlichsten der vier Jakobswege in Frankreich. 1998 hat die UNESCO diese „Jakobswege in Frankreich" als Weltkulturerbe ausgezeichnet.

Er berührt Toulouse, hat aber seinen Sammelpunkt und Beginn in Arles, und überquert die Pyrenäen am Col du Somport. Auf spanischer Seite heißt er Camino aragonés bis nach Puente la Reina, wo er auf den Camino navarro trifft, der nichts anderes ist, als die Fortsetzung der drei übrigen französischen Jakobswege. Ab hier heißt der Weg dann Camino Francés, das ist der Jakobsweg.

Im Februar 2018 bekam ich leichte Rückenschmerzen. Meine Checkups und Vorsorge Untersuchungen hatte ich wie jedes Jahr schon hinter mir. Alles war gut laut Untersuchungen und somit wiedermal ein TÜV Vorweis für meine Frau. Sie sollte sich keine Sorgen um mich machen, wenn es zu unseren Urlaub käme. Leider nahmen die Schmerzen rasant zu. Sie wurden so stark, dass ich dachte es könnten die Nieren sein. Ich verglich die Schmerzen mit einer früheren Nierenkolik die ich hatte. Diese Schmerzen wünscht man keinem. Harngries setzte sich damals im Harnleiter fest und so kam es zum Stau welcher die Nierenkolik verursachte.

Also suchte ich einen Urologen auf um dieses abzuklären. Alles in Ordnung hieß es wieder einmal. Vielleicht kommt es doch vom Rücken, so die Diagnose des Urologen Also machte ich einen Termin beim Orthopäden. Den Termin bekam ich erst in fünf Tagen. Bis dahin lief ich weiter mit sehr starken Schmerzen herum und hatte keine Diagnose. Zwischenzeitlich schickte man mich dann zum MRT. Eine Sonographie brachte es auch nicht auf dem Punkt. Es vergingen drei Wochen mit wahnsinnigen Schmerzen. Ich verlor allein in dieser Wartezeit an die 15 kg. Ich muss hier erwähnen dass ich zu vor nur 77 Kg bei einer Körpergroße von 178 cm hatte. Irgendwann konnte ich kräftemäßig nicht mehr und ich bat meinem Hausarzt um eine Einweisung ins Krankenhaus. Dort hoffte ich, dass alles besser und vor allem schneller untersucht würde. Es ging dann wirklich sehr rasant. Die Schmerzen wurden mir sofort genommen. Ich weiß nicht was sie mir verabreichten, aber es waren sehr starke Schmerzmittel die halfen. Weitere Untersuchungen standen an. Darmspieglung, Magenspieglung ein CT. Die Ergebnisse der CT Untersuchung bzw. die folgende Diagnose brach wie eine riesige Welle über mich ein. Bauchspeicheldrüsen Krebs. Anfangs hieß es sogar nicht mehr operabel. Ich spürte nur eine Leere in meinem Kopf. Angeblich sei dem Ganzen nur mit einer sehr starker Chemo bei zu kommen hieß es schließlich. Ich konnte es meiner Frau noch nicht sagen als sie mich, wie jeden Tag besuchen kam. Sie würde ….weiß ich nicht, sonst wie reagieren. Ich bat Ihre Schwester noch am Tag der Diagnose nach Berlin zu kommen um Ihre Schwester bei dieser Nachricht aufzufangen. Meinem Sohn würde es ähnlich gehen. Er war zu diesem Zeitpunkt am Bodensee in Urlaub. Quälende Gedanken, wie sag ich es meiner Familie. Mir selbst ging es ebenfalls nicht gut bei der Diagnose. Es folgten tränenreiche Wochen. Aber wie geht man damit um? Familie, Freunde, Bekannte waren betroffen über die Diagnose. Man entfernte mir zwei Drittel des Bauchspeicheldrüsen Schwanzes sowie die Milz. Mir geht es sehr schlecht damit. Nicht nur der Operation wegen, nein auch das ich weiterhin stark an Gewicht verlor. Ich wiege jetzt nur noch 53,9 kg, habe einen Schwerbehinderten Ausweis 100% und Pflegegrad I bekommen. Kräftemäßig bin ich kaum in der Lage, auch nur kurze Wegstrecken alleine zu bewältigen. Es ist jetzt eigentlich ein abwarten, bis sich der Restkrebs über andere Organe her macht. Dass das den Tod zur Folge hätte ist kein Geheimnis. Dann bin ich eben weg. Kein leichter Gedanke aber so war es nun mal. Vielleicht schreibe ich ja deshalb wieder, um wenigstens mit Ihnen, liebe Leser, den jetzt sogenannten Teil Eins zu schaffen. Wenn ich es schaffe, wieder etwas zu Kräften zu kommen, würde ich gerne versuchen mit Ihnen auch den Zweiten Teil literarisch meinen WEG, unseren WEG zu laufen.

Ich würde mich freuen, wenn ich es noch erleben darf, über eventuelle Feedbacks ob es Ihnen bislang auf meinen Weg/unseren Weg gefallen hat. Ich hoffe, wir sehen uns wieder.

Buen Camino

Anmerkung:

Falls sich jemand fragt, welch ein Schluss, für ein zuvor, als „ein amüsantes Motivationsbüchlein" beschriebenes Buch.

Ich finde, jeder sollte seinen Humor und Witz nicht verlieren. Auch nicht zum Schluss! Ernst ist das Leben ohne hin.

Selbstbewusst und ironisch war ich allerdings schon immer.

Wolfgang Ohlendorf

Einen ganz großen Dank an meine Lektorin Waltraud Schade,

Waltraud Schade (* 13. Mai 1946 in Stuttgart) ist eine deutsche Philologin, Germanistin M. A. und Schriftstellerin die meine geschriebenen Buchstaben zum Wort, zum Satz und hoffentlich zum „Bestseller" machen.

Mein Dank geht auch an Monika Schopp, 26.05.1949, München; Dipl. Soz. M.A. Päd. Regieassistentin bei Film und TV die viele Fehler mit aus merzte. Ich hoffe, dass sie die Filmrechte erlangt.

Hier noch kleine Tipps für eventuelle

Pilgereinsteiger:

Internetseite „ Magic-Camino.de ";
Den Film Saint Jacques....Pilgern auf
Französisch.
Das Buch „Zwei Esel auf dem Jakobsweg" von
Tim Moore.

Oder auch noch den Film „Dein Weg" ein
Film von Emilio Estevez vom Suchen und Finden auf dem Jakobsweg.

Einen ganz lieben Dank natürlich auch an
meine Frau und unserer Familie.

Danke, Danke, Danke.

Städte Infos Quelle: Wikipedia & Google

FSC
www.fsc.org
MIX
Papier | Fördert
gute Waldnutzung
FSC® C083411

Zeitfracht Medien GmbH
Ferdinand-Jühlke-Straße 7
99095 Erfurt, Deutschland
produktsicherheit@kolibri360.de